»Wir
wissen ja nicht, weißt du,
wir
wissen ja nicht,
was
gilt«

Paul Celan zu Nelly Sachs

ANTJE VOLLMER

GOTT IM KOMMEN?

Gegen die Unruhestifter
im Namen Gottes

Kösel

Verlagsgruppe Random House FSC-DEU-0100
Das für dieses Buch verwendete FSC-zertifizierte Papier
Munken Premium liefert Arctic Paper Munkedals AB, Schweden

Copyright © 2007 Kösel-Verlag, München,
in der Verlagsgruppe Random House GmbH
Umschlag/Umschlagmotiv: 2005 Werbung
Druck und Bindung: GGP Media GmbH Pößneck
Printed in Germany
ISBN 978-3-466-36776-4

www.koesel.de

INHALT

3

Der Gott der Offenbarung 63

4

Gott ist anders 121

5

Der Gott der letzten Tage............................ 145

Dem Andenken
an Kurt Scharf gewidmet.

Einleitung

Wer sich auf das Gottesthema einläßt, gerät in Turbulenzen. Da sind einmal die eigenen inneren Fragen und Zweifel: Über was und über wen wird hier eigentlich geredet? Dann sind da die beunruhigenden Gegenwartszeichen: Allzu viele reden – mit deutlicher oder undeutlicher Absicht – von Gott, von Gottes Kommen, von Gottes Willen, von Gottes Kriegen. Gerät man dabei nicht unwillkürlich mitten hinein in ein beunruhigendes Welt-Palaver über falsche Bilder, Machtambitionen, Geisterverwirrungen, in denen keine Klarheit in Sicht ist? Und blickt man schließlich in die Geschichte, so scheinen die Zeiten, in denen besonders viel nach Gott gefragt und besonders viel um Gott gestritten wurde, keineswegs glückliche Zeiten der Menschheitsgeschichte gewesen zu sein. Heiße Zeiten waren das, unruhige Zeiten, fanatische Zeiten.

Für uns, im heutigen Europa, scheint das alles weit weg und glücklich überstanden. Dieser Kontinent hatte sich einmal im 30-jährigen Krieg, der letztlich circa 100 Jahre dauerte, so sehr um den rechten Glauben erhitzt, daß am Ende überall zerstörte Städte und Kulturen, verwüstete Landstriche zurückblieben, während fast die Hälfte aller Einwohner tot, die andere aber eingeschüchtert, verarmt, brutalisiert dahinvegetierte. Dieses Europa hat mit dem Westfälischen Frieden und seinen vielen Vertragsnachfolgern scheinbar

Abschied genommen von jenen hitzigen Kämpfen um den rechten Glauben und die richtigen Gottesbilder und das einzig mögliche Gottesverständnis. Europa ist säkular geworden und hält das für einen ganz großen Vorzug. Es hat Kirche und Staat, jedenfalls weitgehend, voneinander getrennt und damit beiden zu einer neuen Freiheit verholfen. Die Kirche hat mit dem Verzicht auf weltliche Macht einen neuen Zugang zu dem Bereich der Seelen, der Werte, des ethischen Verhaltens im zivilen Miteinander gefunden. Der Staat hat mit dem Verzicht auf religiöse oder göttliche Weihen den Weg offen gemacht für die Meinungsfreiheit, die Möglichkeit, auch mächtige staatliche Instanzen zu kritisieren und zu reformieren. Die Freiheit der Presse gilt in einer zivilen Gesellschaft vor Thronen wie Altären. Monarchien und heilige Reiche haben ihre Ewigkeitsansprüche reduziert zugunsten der Entfaltung der bürgerlichen Freiheiten und der Menschenrechte.

Gern würde Europa dieses Modell der übrigen Welt empfehlen. Mit Erstaunen muß es aber feststellen, daß religiöse Fragen die Menschen fast überall sonst in der Welt brennend interessieren. Auf dem Gebiet der ehemaligen Sowjetunion, bekanntermaßen ein bekennend atheistischer Staat, nimmt der Zulauf zu allen religiösen Institutionen zu. Die traditionsreiche orthodoxe Kirche profitiert davon ebenso wie die oft vom Ausland finanzierten verschiedenen missionarischen Gruppen: insbesondere die weltweit wachsenden Pfingstgemeinden, aber auch diverse Sekten und manche esoterische Kleingruppe. Selbst in China wachsen in gleicher Weise buddhistische Zentren, katholische Kirchen, protestantische und freikirchliche Gemeinden. In Lateinamerika ist ein regelrechter religiöser Machtkampf zwischen der seit Jahrhunderten verwurzelten katholischen Kirche und den zahlenmäßig dramatisch ansteigenden fundamentalistischen Pfingstgemeinden zu verzeichnen. In Indien, traditionell ein Kontinent der vielen Völker und vielen Religionen, die weitgehend in religiöser Toleranz miteinander existierten, radikalisieren sich fundamentalistische Gruppen der Hindus und der Moslems. Die ganze islamische Welt ist abgrundtief zerrissen. Neben einer grundsätzlich für die moderne Welt offenstehenden Interpretation des Korans wächst jene ideologische, islamistische Bewegung, die mit dem Ziel des schriftgemäßen Glaubens und der rechtgläubigen Lebenspraxis gleichzeitig die Idee eines weltweiten politischen Zusammenschlusses der islamischen Länder verbindet, der die Konfrontation mit dem »verderbten« Westen sucht. Gleichzeitig stoßen im Inneren der islamischen Welt die schiitische und sunnitische Interpretation von Koran und Glaubensgeschichte aufeinander und eröffnen eine zweite Front möglicher militanter Konflikte. Selbst auf dem afrikanischen Kontinent verschieben sich die Einflußbereiche christlicher, islamischer und traditioneller Religionen und ihrer unterschiedlichen Gottesverständnisse. In den USA gibt es, von Europa lange unbeachtet, tiefgreifende Differenzen in der Auslegung dessen, wieviel politischen Einfluß religiöse Gruppierungen auf die Strategien und Kriegsziele der

Weltmacht haben dürfen, mit dem Effekt, im Weißen Haus sogar den Tagesablauf und das Tagesgebet zu beeinflussen. Das Judentum, immer noch traumatisiert von den Jahrhunderten der Unterdrückung im Exil und der von den Nationalsozialisten betriebenen völligen Vernichtung, sieht sich nicht nur in einer existenzbedrohenden Konfrontation zu der arabisch-islamischen Umwelt, sondern auch unter strenggläubigen Anforderungen seiner eigenen fundamentalistischen Rechten in und außerhalb des Landes, denen ein säkularer Staat kaum auf Dauer folgen kann.

Es sieht also nicht ganz so erfolgsträchtig aus, jenes europäische Modell der Besänftigung der Religionen durch säkulare Zivilisierung, durch Erschöpfung, Verzicht und Verbürgerlichung. Und selbst in diesem säkular gewordenen Mitteleuropa scheint es nicht wenige Menschen zu geben, die fragen, ob ein Leben ohne religiöse Traditionen, ohne Kirchen, Kirchenmusik, ohne Messe und Ritus überhaupt denkbar und gar erstrebenswert ist. Zeitungsartikel zum Thema nehmen zu – selbst in den politischen Magazinen und sogar in der Regenbogen-Presse. Auch hier, wo die Bevölkerung weitgehend den religiösen Traditionen entfremdet und ihrer Riten und Rituale unkundig ist, gibt es ein Suchen nach religiösen Essenzen, nach Lebensorientierung, nach ethischer Begründung menschlicher Verhaltensweisen, nach Antworten auf die Fragen nach dem Sinn der eigenen Existenz, manchmal sogar nach Spiritualität. Diese anwachsenden Sehnsüchte und Fragen bekommen eine ganze Fülle von

Antworten, die teils aus den traditionsreichen großen Religionen kommen, teils aus einem riesigen Markt mit religiösen Angeboten, von exotischen Sekten, Esoterikgruppen und Wellness-Angeboten.

Daß die religiösen Gruppen und Bewegungen weltweit und europäisch im Anwachsen sind, das scheint keine Frage zu sein. Es ist also etwas im Kommen. Ob aber in dem, was da im Kommen ist, wirklich »Gott im Kommen« ist, das ist eine ernstzunehmende Frage. Um sie zu beantworten, muß man darüber nachdenken, was alles unter dem Begriff »Gott« gemeint und interpretiert wird. Hat Gott überhaupt mit dem, was man so allgemein Religion nennt, hat er mit religiösen Bedürfnissen zu tun? Wieviel von dem, was seit alters her »Gott« genannt wird, steckt heute noch in den Religionen, in den Gottesbildern, in den Ritualen und Mysterien, die sich diesem Begriff subsumieren?

Die Frage: Wer ist Gott?, ist so groß, daß sie selbstverständlich so gar nicht zu beantworten ist. Dieses Buch wird nicht den Versuch machen, etwas zu beantworten, an dem sich die größten Geister der Menschheit fruchtbar und doch im Kern vergeblich abgemüht haben. Unser Ziel ist etwas kleiner, aber immer noch groß genug: Es fragt nach der Frage nach Gott. Wenn es gelingt, ein wenig Verständnis für das immerwährende Fragen nach diesem Gott, für die immer von neuem hoffnungsvolle Erstellung von Gottesbildern und Gottesvorstellungen, für den Sinn und Unsinn, den Nutzen und den Nachteil, die Gefahren und die Zukunftshoffnungen dieses Versuches zu vermitteln,

15

dann kann das vielleicht dazu beitragen, etwas Klarheit und Übersicht in dem weltweiten Religionschaos, etwas Ruhe in dem lauten Geschrei der Unruhestifter im Namen Gottes zu schaffen. Dieses Buch richtet sich damit an alle, denen das Reden von Gott nicht von vorneherein gleichgültig ist, die aber die Beunruhigung darüber teilen, wieviel Unordnung und Gewalt gelegentlich aus diesem Reden entstehen konnte. Es ist kein theologisches Buch, es ist auch kein philosophisches oder wissenschaftliches Buch und setzt weder theologische noch philosophische Vorbildung oder eigene große religiöse Erfahrung voraus. Es verzichtet weitgehend auf Anmerkungsapparate und innerwissenschaftliche Debatten.

Es ist ein Buch, das versucht, der Rolle dieses Fragens nach Gott im Alltagsleben und in der Sprache der Menschen den Platz einzuräumen, den sie Jahrtausende lang gehabt hat. Ob »Gott im Kommen« ist und wer das ist: »Gott«, wird diese kleine Schrift also nicht beantworten können. Aber sie wird versuchen, dem nachzugehen, warum die Menschen immer weiter danach fragen und warum eine Leerstelle, ein existentielles Nichts, an der Stelle, wo für frühere Jahrtausende einmal der Begriff »Gott« stand, auch keine Lösung ist für eine unsicher gewordene Menschheit.

Die Frage nach Gott macht eben auch dann Sinn, wenn sie nicht oder nicht zureichend beantwortet wird. Was ja wiederum nicht heißt, daß es gar keine Antwort gäbe.

16

1
ÜBER RELIGIONEN
UND GOTTESBILDER

Religionen gab es immer

Soweit unsere Kenntnisse aus der frühen Geschichte der Menschheit reichen, gab es viele und sehr unterschiedliche Gottesbilder und Gottesvorstellungen. Es gab aber nie ein Volk, einen Stamm, ein Gemeinwesen ohne Religion oder religiöse Vorstellungen. Wobei »Religion« hier im allgemeinen Sinne zu verstehen ist: Der Mensch begreift sich in einem Zusammenhang, der die irdische Existenz übersteigt. Er fragt nach dem Ursprung seiner Existenz in einer Schöpfungsmacht oder einem ewigen Sein. Er fragt nach dem Ziel seiner Existenz nach dem natürlichen Tode, indem er ein Aufgehobensein in einer anderen Dimension erwartet, sei es nun eine Art Paradies, eine Auferstehung, eine Läuterung für die ewige Wiederkehr des Seins oder auch eine karmische Erlösung von den Qualen des Seins im Nirwana. Er unterstellt das irdische menschliche Leben und das Leben in Gemeinschaften bestimmten ethischen Regeln, die er als göttlichen Ursprungs versteht oder in göttlicher Gesetzgebung begründet sieht. Und er bedient sich im Kontakt zu diesem Anfang und Ziel seiner menschlichen Existenz bestimmter Mythen, Riten und der Hilfe von Priestern, Lamas, Schamanen oder anderer kundiger Interpreten und Schriftgelehrter.

Dabei tauchen erstaunlich häufig in den religiösen Praktiken völlig unterschiedlicher Religionen gleiche Momente auf, die für den heutigen religionsunerfahrenen Beobachter erstaunlich sind, da sich ja in den frühesten Anfängen kaum eine gegenseitige globale oder mediale Beeinflussung vermuten läßt. Ähnlich ist beispielsweise in fast allen Religionen, daß sie heilige Orte kennen, Tempel, Kultstätten, magische Orte, an denen sich die Gemeinschaften versammeln und die sie als Zentrum ihrer religiösen Verrichtungen verstehen. Ähnlich ist, daß in allen Religionen Opfervorstellungen verkörpert und praktiziert werden, sei es in realen materiellen Opfern, die sich von frühen Menschenopfern zu Tieropfern und sonstiger materieller Spendenpraxis bis hin zu geistigen Opferverständnissen (Verzicht auf Sexualität, Verzicht auf bestimmte Speisen, Gelübde, Zölibat, Verzicht auf Machtausübung, Verzicht auf Rache) ausdrücken können. Gerade diese überall stattfindende Opferpraxis ist ein erstaunliches Phänomen, das den Ungebildeten unter den Religionsverächtern und -kritikern ein besonderes Ärgernis ist – halten sie es doch oft für eine Art von religiös verbrämtem Sadismus. Ähnlich ist in allen Religionen die Sonderstellung der Personen, die von der Gemeinschaft für die kultischen Handlungen vorgesehen werden oder sich selbst durch einen Akt der ekstatischen Berufung dazu auserwählt empfinden, die Priester, Mönche und Nonnen, die Schamanen, Medizinmänner, Päpste, Dalai Lamas, Mullahs, Ayatollahs und Pastoren. Ähnlich ist bei allen, daß ein höchstes Wesen, das meistens »Gott« genannt wird, nur durch vermittelnde Instanzen erfahrbar ist, sei es durch eine Offenbarung, sei es durch eine Schrift, sei es durch Gesetze, die es heilbringend erlassen hat, sei es durch Propheten, sei es durch meditative Praktiken, wie besonders im Hinduismus und Buddhismus. (Wobei der Buddhismus am weitesten von jeder personalen Gottesvorstellung entfernt ist, so daß man ihn in gleicher Weise als ethisch-meditativen Atheismus verstehen könnte. Aber auch er verzichtet nicht auf Tempel, Altäre, religiöse Praktiken, Opfer, Mönche, Heilige und Lamas.) Ähnlich ist in allen Religionen, daß es ein bestimmtes Verhältnis zwischen der Interpretation des weltlichen Gemeinwesens und dem religiösen Ursprung dieses Gemeinwesens gibt. Sehr oft bildet die Religion den Hintergrund, um sich als auserwähltes Volk zu verstehen, als Volk Gottes, als gesegnete kultivierte Polis. Gelegentlich wird auch eine gottgewollte Einheit von politischer und weltlicher Macht vertreten, wie häufig im Islam, aber auch noch im tibetischen Buddhismus.

Und schließlich ist ähnlich, daß traditionell in allen Völkern ein sehr enger Zusammenhang der Entwicklung von Kultur und Religion gesehen und gepflegt wurde. In den vergangenen Hochkulturen waren alle großen bedeutenden Kulturleistungen mit religiösen Funktionen verbunden: die Tempelbauten, die Grabstätten und Totenkulte, die großen Epen, die mythischen Erzählungen, die Musik, die Königskrönungen, die großen Feste des Gemeinwesens, ja sogar ursprünglich das Theater, die künstlerische Formensprache, die Schriftsprache und das Verständnis von Schönheit und Harmonie.

Sogenannte Naturreligionen sind nicht »primitiv«

Als sich die europäischen Völker – allen voran Spanien, Italien und Portugal und in einer späteren Etappe dann England, Frankreich und schließlich auch noch Deutschland – aufmachten, andere Länder und Kulturen ihren Imperien einzuverleiben und sie nach Kräften auszubeuten, da stießen sie weltweit auf Religionen, religiöse Zeugnisse und religiöse Kulturen. In dieser Zeit entstand der Begriff »Naturreligion« oder auch »Primitivreligion«. Er ist ein kolonialistischer Begriff, der im christlichen Europa am Schreibtisch ausgedacht wurde. Er zeigt, wie schwer es ist, die Welt an anderen Orten zu verstehen, wenn man weder die Sprache noch die Tradition noch das Leben noch die Menschen an diesen Orten kennt. Die Kolonisatoren und imperialistischen Eroberer kamen mit der Gewißheit der Überlegenheit ihrer eigenen Kultur und Religion und jenem missionarischen Fieber, das blind macht für die Tiefe des Weltverständnisses, das an anderen Orten gewachsen war. Aus heutiger Sicht ist es ungewöhnlich schwierig, jene Religionen, Gottesbilder und Gottesvorstellungen auch nur annähernd wieder zu erwecken, die diesem missionarischen Furor zum Opfer gefallen sind. Es gibt gutgemeinte sentimentale und esoterische Bemühungen, solchen Ur-Religionen nahe zu kommen, wie zum Beispiel dem indianischen Gottesverständnis oder dem Schamanentum um den Baikalsee. Das ist sehr schwierig, nötigt es doch den Betrachter – und sei er auch ein kundiger Ethnologe – in seinem eigenen Bewußtsein einen Sprung zurück über tausend bis zweitausend Jahre zu vollziehen, in eine Welt und Denktradition, die ihm nur zerstört überliefert ist. Selbst die in den 70er Jahren so ernsthafte Suche nach jener »Traumzeit« (Barbara Wood, 2000), in der die Aborigines in Australien direkt mit den Göttern und Geistern verkehrten, oder nach den Ursprüngen der indianischen Naturreligionen sind Reproduktionen, die allenfalls ein fernes Echo einer fernen Zeit darstellen können, das durch viele Brechungen, Niederlagen, Wiederbelebungsversuche, Illusionen und nicht immer kitschfreie Sehnsüchte gegangen ist, die selbst eigene Traumprojektionen erzeugt haben.

Am ehesten wird man noch echte Gedächtnisspuren finden in den Ländern, die lange Zeit von den großen weltpolitischen Politik- und Handelsströmen abgeschnitten waren. So läßt sich zum Beispiel für die Himalaya-Region Tibet, Nepal, Ladakh und Bhutan bis in die 50er Jahre sagen, daß die großen weltpolitischen Ereignisse, Eroberungen, Mongolenstürme, Handelskarawanen und die Seidenstraße weitgehend an ihnen vorbeigegangen sind. Ähnliches läßt sich für wenige völlig weltentlegene Gebiete wie das der Tuwas in der Ferne der mongolischen Steppen und im Hohen Altai sagen oder für die religiösen Sitten und Gebräuche der Lappen auf der Kola-Halbinsel und im skandinavischen Norden. Deswegen konnten sich auch nur hier, in diesen seltenen Randgebieten der großen Völkerbewegungen, die Kulturen weitgehend unbeeinflußt so entwickeln, daß man noch heute von eigenen Hochkulturen und eigenen Hochreligionen sprechen kann. In anderen Regionen der Welt, überall dort, wo Handelswege, Transitgebiete, Verkehrsstraßen für Händler und Eroberer gebaut und genutzt wurden, hatte es von jeher eine Vermischung von Religionen, von gegenseitigen Beeinflussungen, Kopien, Angleichungen gegeben. Anderenorts, beispielsweise in jenem Latein- und Mittelamerika, das einmal vor Kolumbus und Pizarro existiert hatte, ist diese Kultur hochentwickelter Religionen schon im 15./16. Jahrhundert brutal beendet worden durch die völlige Unterwerfung und religiöse Dominanz von außen. Erst ganz spät und durch vielfache Verfälschungen verzerrt, sind hier Kompromisse mit den Ursprungsreligionen versucht worden. Ein Amerika aber, wie es sich kulturell und religiös weiterentwickelt hätte, wenn Kolumbus mit seinen Soldaten und Priestern nicht gekommen wäre – ein solches Amerika ist heute ebensowenig auffindbar wie das ursprüngliche Afrika mit seinen Hochkulturen, das es einmal gab, bevor die Sklavenhändler kamen.

Woher kommen die Gottesbilder? Woher kommt die Religion?

Zwar gab es Forscher, die selbst in Dingen der Geistesgeschichte rein evolutionäre Vorstellungen hatten und deshalb das Entstehen religiöser Phänomene so erklärten, »daß sich Religion schlechthin aus einem ursprünglich atheistischen Stadium über Fetischismus, Totemismus, Animismus, Manismus usw. und schließlich über den Polytheismus zum Monotheismus entwickelt habe« (Josef F. Thiel/ Ulrike Peters in *Neues Handbuch Theologischer Grundbegriffe*, München 2005, Seite 172). Aber die Religionsethnologie hat diese »religionslosen« Völker und Stämme nie gefunden. Alle angeblich religionslosen Völker hat es entweder nie gegeben oder es gab ihre Spuren nach eingehender Forschung einfach nicht mehr.

Die Möglichkeit, ganz ohne Religion zu leben und dem menschlichen Gemeinwesen eine andere rationale Fundierung zu geben, ist deswegen höchstwahrscheinlich eine Erfindung und Entwicklung der Neuzeit. In Europa ist sie eng verknüpft mit der Aufklärung des 18. Jahrhunderts, mit dem Skeptizismus. Das Christentum und seine Religionskriege waren in Verruf gekommen. Die Antike mit ihrer Götterwelt wurde wieder entdeckt und erschien als menschenverträglicher. Der Optimismus der Naturwissenschaften und ihrer evolutionären Entdeckungen ging einher mit dem Selbstvertrauen der französischen Revolution, daß der Mensch selbstbestimmt sein Schicksal in die Hand nehmen und auf der Basis des »contrat social« eine stabile Ordnung für das Gemeinwesen mit freiwillig von allen Bürgern akzeptierten Regeln aufstellen könne.

Klassisch ist diese neue Bewußtseinsmöglichkeit formuliert in Goethes Faust. Da lautet die berühmte Gretchenfrage: »Nun sag, wie hast du's mit der Religion? Du bist ein herzlich guter Mann, allein, ich glaub', du hältst nicht viel davon.« Auf diese Frage gibt Faust tatsächlich zu erkennen, daß er mit der Religion nicht viel am Hut hat, auch nicht glaubt, daß man dran glauben müsse, um ein guter Mensch zu sein. Und, wiewohl er die Sakramente durchaus ehre, habe er kein besonderes Verlangen nach Messe und Beichte, die er doch eher als Ausflucht für kleine Geister ansieht. Damit definiert sich Faust als Mensch der Moderne, der die Religion seiner Zeit als Relikt einer vorbürgerlichen Tradition versteht, auf die man auch gut und gerne verzichten kann. Interessant ist, daß aber auch Goethes Faust auf die zweite Gretchenfrage: »Glaubst du an Gott?«, nach einigem Ausweichen durchaus ein Bekenntnis ablegt:

»Wer darf ihn nennen?

Und wer bekennen:

Ich glaub' ihn.

Wer empfinden

Und sich unterwinden,

Zu sagen: Ich glaub' ihn nicht?

Der Allumfasser,

Der Allerhalter,

Faßt und erhält er nicht

Dich, mich, sich selbst?

Wölbt sich der Himmel nicht da droben?

Liegt die Erde nicht hier unten fest?

Und steigen freundlich blickend

Ewige Sterne nicht herauf?

Schau' ich nicht Aug' in Auge dir,

Und drängt nicht alles

Nach Haupt und Herzen dir,

Und webt in ewigem Geheimnis

Unsichtbar, sichtbar neben dir?

Erfüll' davon dein Herz, so groß es ist,

Und wenn Du ganz in dem Gefühle selig bist,

Nenn es dann, wie du willst,

Nenn's Glück! Herz! Liebe! Gott!

Ich habe keine Namen

Dafür! Gefühl ist alles;

Name ist Schall und Rauch,

Umnebelnd Himmelsglut.«

Das heißt, auch der Aufklärer, Himmelsstürmer, Italien- und Griechenfreund und lebenspraktische Atheist Goethe hat noch ein Gottesbild, in dem Naturekstasen, pantheistische Momente und eigene Liebeserfahrungen eine Rolle spielen. Es gibt also auch hier noch ein Bedürfnis nach einer bestimmten Vergewisserung und Absicherung der eigenen Existenz. Und sogar die bewußt areligiösen neuen gesellschaftlichen Ideologien der französischen Revolution bedienten sich – wie später die Kommunisten und Stalinisten – mancher religiöser Motive. Sie kopierten Rituale und öffentliche Messen, sie schufen einen durch und durch religiös gefärbten Personenkult, kannten Jugendweihen und ordensartige Kultfunktionäre. Offensichtlich hielten sie all dies alltagspraktisch für notwendig, um Menschen zu faszinieren und an sich zu binden.

Wie aber kommt es zu diesen uralten Neigungen, in religiösen Vorstellungen zu denken, eigene Lebenserfahrungen mit einem dahinterstehenden Sinn zu interpretieren und sich Bilder von dem zu entwerfen, was man – im allgemeinen Sinne verstanden – als »göttliches« Wesen interpretierte?

Der gläubige Jude, Christ oder Moslem würde darauf antworten: weil Gott sich selbst offenbart, weil er sich in seinem Sein für Menschen selbst zu erkennen gegeben hat. Jüngste amerikanische Gehirnforscher haben sich dagegen auf die Suche gemacht, bestimmte Regionen im menschlichen Gehirn ausfindig zu machen, die Träume und Vorstellungen und religiöse Bedürfnisse zu erzeugen vermöchten. Wenn wir an dieser Stelle weder die Haltung eines überzeugten Monotheisten noch die eines von der Unbegrenztheit der menschlichen Forschungsziele und -möglichkeiten überzeugten Naturwissenschaftlers einnehmen wollen, (was ja beides unterschiedliche Arten von Gläubigkeiten voraussetzt), sollten wir etwas vorsichtiger nachfragen: Was gibt es im Leben der Menschen, in der menschlichen Existenz, das sie grundsätzlich dazu drängt, nach Erklärungen zu suchen, die wir dem Bereich der religiösen Erfahrung und der religiösen Interpretation zuordnen würden?

Die *erste Antwort* betrifft die *grundsätzliche Gefährdung des menschlichen Lebens*. Die menschliche Existenz ist, zumindest in ihrem Beginn und an ihrem Ende, extrem schutzbedürftig. Sie ist auch im Verlauf des Lebens vielfältigen Gefährdungen und Unsicherheiten ausgesetzt. Nichts anderes ist gemeint mit den christlichen Erzählungen von der Vertreibung aus dem Paradies oder den Urzeitmythen vieler anderer Religionen. Sie alle beschreiben, daß jede menschliche Existenz mit der Erfahrung von Ungewißheit, Unsicherheit, begrenzter Zeit, mit Bedrohung und Schutzbedürftigkeit zu tun hat. Der Mensch des Paradieses kennt keine Zeit, keine Geschichte, er schwebt in einem Zustand bewußtlosen Glücks und intuitiver Sicherheit. Das so zeitlos glückliche Menschenwesen des Paradieses würde keine Kunst produzieren, keine Menschengemeinschaften zur gegenseitigen Absicherung gründen, keine Produktionsmethoden zur Verbesserung der eigenen Versorgung und Lebenssicherung initiieren. Jenes zeitlos glückliche Menschenwesen hätte ganz sicher auch keine Religion.

Natürlich ist auch dieser Gedanke ein Gedanke aus heutiger Zeit, zurückinterpretiert in frühere Zeiten. Und selbstverständlich wissen wir nichts von den ersten bewußtseinsmäßigen Dämmerzuständen, aus denen sich im Laufe der Evolution die frühesten Stufen des homo sapiens in Afrika oder Asien bildeten. Aber alles, was uns urzeitliche Funde belegen, sobald jenes menschenartige Wesen nur anfing, sich in einer Umgebung bewußtseinsmäßig zu orientieren, deutet bereits auf jene Instrumente und Gegenstände hin, die selbst Ergebnis der Erfahrung mit Existenzunsicherheit und des Kampfes um Existenzsicherung sind.

Die *zweite Konstante* beim Urbeginn religiöser Vorstellungen und Bilder ist die *Begegnung mit einer überwältigenden Naturerfahrung.* Das müssen nun nicht die zitierten goetheschen pantheistischen Naturphantasien sein – obwohl auch die darauf hindeuten, daß sich die menschliche Kreativität und vielleicht der gesamte Schönheitssinn aller früheren Hochkulturen an diesen Vorbildern der Natur orientiert, an ihnen geschult und in ihnen ihr Maß gefunden hat. Naturerfahrung ist zunächst eher selten jene überwältigende meditative Verzauberung durch die Welt, von der die Dichter singen. Anfänglich ist sie vor allem die Überwältigung von großen, für das kleine menschliche Leben schwer verarbeitbaren Phänomenen, die als bedrohlich empfunden wurden: Sturm, Wassermassen, Sintfluten, Nordlichter, Blitz und Donner, Wüsten, Vulkane, Hitze und Trockenheit, Eiseskälte – und über dem allen die geheimnisvollen und majestätischen Zeichen am Himmel: Sonne und Mond. Das alles war für den Menschen der Urzeit, der frühen Hochkulturen und der monotheistisch geprägten Jahrhunderte ganz sicher nicht abstrakt rational, natürlich und rein kreatürlich zu verstehen. Das flößte Angst und Schrecken ein, manchmal Ehrfurcht, manchmal Sehnsucht, manchmal das tiefe Gefühl, mit unergründlichen Geheimnissen zu tun zu haben. Auch schien in dem Ganzen – bei aller Chaosangst – eine geheime Ordnung vorzuherrschen, der Magier, Priester, Philosophen, Gelehrte und Könige über Jahrtausende nachzufragen versuchten, da sie geradezu danach drängte, irgendeine göttliche Ursache zu vermuten. Noch den heutigen, ach!, so aufgeklärten modernen Geistern fällt es schwer, extreme Naturerfahrungen und extreme Naturschönheiten in nüchterner, rein beschreibender Sprache und Beobachtung zu erleben. Ein Stück emotionaler Überwältigung ist in aller Naturanschauung.

Der *dritte Grund* für das Entstehen religiöser Vorstellungen ist die *Erfahrung des Todes*. Natürlich ist es uns Heutigen völlig unmöglich zu interpretieren, wie in den ersten Dämmerzuständen menschlichen Seins die Urvorfahren des intelligenten Lebewesens Mensch den Tod erfahren haben. Wir sind also auf unsere eigenen Phantasien angewiesen. Doch ist es schwer vorstellbar, daß jene Vorfahren der tiefgreifende Unterschied zwischen dem warmen kraftgefüllten Lebendigsein, dem Atmen und Bewegen, dem Laute-von-sich-geben-Können und In-Kontakt-mit-den-anderen-Lebewesen-Treten und jener eigenartigen Starre und Seinsentfernung, die den Tod ausmacht, nicht abgrundtief erschreckt hätte. Das umsomehr, wenn es sich um wichtige Mitglieder der Ur-Horde gehandelt hat, die Mutter- oder Vaterfigur, den Patriarchen oder die Matriarchin. Da der Begriff des Nichts und des Nichtseins durch und durch moderne Vorstellungen sind, haben sie diese eigenartige Entfernung sicher als etwas Beängstigendes, Drohendes, ganz und gar Unverständliches gesehen, das heftige innere Erregungen und Entsetzen auslöste. Natürlich kannten sie den ähnlichen Veränderungsprozeß bei den Tieren, die sie eventuell gejagt und getötet und womöglich gegessen hatten. Aber der Tod eines Mitglieds der eigenen Horde, der Sippe, des eigenen Stammes schafft besondere Probleme, wenn nicht gar Schuldgefühle. Wo ist er oder sie? Bedeutet die Nicht-mehr-Erreichbarkeit für die gewohnte Kommunikation, daß da keine Macht mehr ist, nichts, das man mit Ehrfurcht oder mit Furcht bedenken müßte? Ganz abgesehen davon, daß dieses fehlende wichtige Mitglied der Gruppe ja nicht nur Furcht und Respekt, sondern auch Anerkennung und Zugehörigkeitsgefühle, eine Art liebender Emotion auf sich vereint hatte, denen jetzt ein Adressat fehlte. So kommt es, daß die ältesten archäologischen Funde, die uns bekannt sind – außer den einfachen Jagd-, Schneide- und Grabe-Instrumenten – Relikte von den Stätten der Toten sind. Ein behauener Stein, der an den Toten erinnert, ein heiliger Bezirk, der an den verstorbenen Führer des Clans erinnert, Steine, die in der Wüste aufgelesen und aufgetürmt werden, damit man auch nach langen nomadischen Wanderungen die Stätte wiederfindet, an der der abwesende Tote begraben und doch in irgendeiner Weise vorhanden ist.

Aus den einfachen Begräbnis- und Erinnerungsstätten an die Toten werden im Verlauf der frühen Hochkulturen in China, im Khmer-Reich, in Ägypten, Mesopotamien, Babylon und in den frühen Großreichen der Indios Lateinamerikas gewaltige Grabanlagen, Pyramiden, ausgedehnte eigene Totenstädte, die alle davon ausgehen, daß der bedeutende Tote nach seiner irdischen Existenz in einer anderen Dimension noch oder neu existiert. Dafür werden ihm viele Utensilien seines früheren Lebens, Insignien seiner früheren herausgehobenen Stellung oder doch wenigstens Nahrung und einige Erinnerungsstücke seiner früheren Machtstellung beigelegt. Auch die Sitte, die zugehörigen Sippen- oder Familienmitglieder dazuzutun, damit es ihm im Jenseits an nichts fehlt, ist schon früh dokumentiert. Manchmal waren das Ehefrauen, Kinder, Menschenopfer, manchmal auch riesige, aus Terrakotta gefertigte Armeen wie im alten China, deren Gesichter den realexistierenden Generälen, Soldaten und Pferdeknechten seiner Epoche aufs realistischste nachgebildet waren.

Es entsteht also in allen frühen Hochkulturen eine Art heiliger Bezirk um die Toten, versehen mit bestimmten Insignien, mit Totems, Fetischen, Schutzfiguren gegen böse Geister, Tabubereichen, Sakralbezirken. Sigmund Freud hat daraus die Theorie entwickelt, daß alle Gottesvorstellungen aus der Furcht vor der verstorbenen oder getöteten Vater- und Führerfigur eines Stammes entstanden sind. Einleuchtend daran ist jedenfalls, daß so die Scheu vor dem heiligen Bezirk entsteht, die in eben dieser ambivalenten Mischung aus starker Zuneigung, Schuld und Angst, Respekt und Ehrfurcht besteht. Auch ist so am ehesten erklärlich, warum ein uns Heutigen so fremder Vorgang wie die Opferpraktiken gerade an solchen frühen Orten religiöser kultischer Ordnung ihren Platz hatten.

Gerade der letzte Gedanke verbindet sich mit der *vierten* allgemein menschlichen Erfahrung, die sehr eng mit dem Entstehen religiöser Bilder, Vorstellungen und Gebräuche verbunden ist. Es ist die *Ambivalenz jedes Menschenwesens in Beziehung zu all den anderen Wesen, die mit ihm die Existenz, Raum und Lebenszeit teilen.* So wie bis heute keine Gesellschaft gefunden wurde, auch nicht in längst vergangener Zeit, die nicht Spuren von religiösen Verhaltensweisen aufzeigte, so ist auch keine realexistierende Gesellschaft aus reinen Monaden denkbar, die ohne jede Beziehung zueinander lebensfähig sind. Sobald ich mich überhaupt als bewußt existierendes Wesen begreife, wie unbewußt und animalisch auch immer, existiere ich mit anderen zusammen, deren Existenz schicksalhaft mit meinem Leben verbunden ist. Diese anderen sind Quelle von Schutz und Wohlbehagen, wie die Mütter- und Väterfiguren, sie sind Ursache von Zuneigung und Abneigung, wie die mir eher gleichgestellten Brüder- und Schwesterfiguren, sie sind Subjekt und Objekt von Angst-, Haß- und Konkurrenzgefühlen, wie besonders derjenige, der zwar zu meiner Art gehört, der mir aber irgendwie ungleich und von meiner Gruppe unterschieden erscheint. René Girard, der große Religionsphilosoph, hat besonders ausgearbeitet, wie dieses zu einer schicksalhaften eifersuchtsträchtigen Konfliktsituation führt, der niemand ausweichen kann. Die Tatsache, daß ich mit so vielen mir gleichen Menschenwesen verbunden bin, auf die sich meine Liebes- und meine Haßgefühle, meine Zugehörigkeits- und Konkurrenzphantasien, mein Nahesein-Wollen und mein Mich-unterscheiden-Müssen konzentriert, das nennt er den »mimetischen Konflikt«, die Urfigur aller tragischen Konstellationen der Menschen.

Warum hat dieser Konflikt mit dem Entstehen von Gottesbildern und religiösen Vorstellungen zu tun? Weil gerade aus diesem Bereich die Heftigkeit der religiösen Gefühle kommt. In diesen zwischenmenschlichen Konstellationen eines nie endenden Wettbewerbs entsteht Liebe und Unterwerfung, Zugehörigkeit und Bindung, aber auch Konkurrenz, Haß, Mordphantasie, Todeswünsche. In diesem Bereich entsteht Schuld und Schicksal und damit etwas, das das Zusammenleben der Menschen permanent gefährdet, wenn es auch gleichzeitig zu höchstem ekstatischem Glück verführen kann. Daß all diese Emotionen Gemeinschaften mit hohem Sinn erfüllen, aber auch tief zerspalten können, daß sie die einzelnen Mitglieder gegeneinander aufhetzen und in Blutfehde-Gewaltspiralen jagen können, das zeigt die älteste wie noch die jüngste Menschheitsgeschichte. Dieser stets latent vorhandene Konflikt ist aber offensichtlich eine der entscheidensten Gründe dafür, warum man eine Befriedung, Zivilisierung, Durchgeistigung, Veredelung dieser so ambivalenten Zusammengehörigkeitserfahrungen der Menschenwesen von alters her gesucht hat. All dieses Bemühen von Priestern, Königen, Kultträgern und Weisheitslehrern führte zu einer Menge von religiösen Bildern, Gesetzestafeln, Riten, Ritualen und Regeln, die alle der Dauerhaftigkeit und der Pazifizierung der menschlichen Gemeinwesen dienten. In dem Sinne hilft die Religion, Gesellschaften überhaupt aufrecht zu erhalten.

Exkurs: Über die Opfer

An dieser Stelle ist vielleicht am leichtesten verständlich, warum alle Religionen, die wir kennen – von den frühesten »Natur«religionen bis zu den durchgeistigsten meditativen Gottesvorstellungen –, das Motiv des Opfers kennen. Opferpraktiken gab es bei den Aborigines in Australien, bei den ersten Totems in Polynesien, bei den frühen Schamanen in der mongolischen Steppe, bei den Khmer- und bei den Himalayavölkern, bei den Lappen auf der heutigen Kola-Halbinsel, bei den schwarzafrikanischen Stämmen in der Wiege der Menschheit, in den Kältegebieten Grönlands, bei den Kelten Mitteleuropas, bei den Indios. Es gab sie einfach überall, genauso wie es überall religiöse Vorstellungen gab und bestimmte Orte, die sich für religiöse Praktiken herauskristallisierten, seien es nun Totenstätten oder später die Tempel und Altäre für die religiösen Zeremonien.

Was ist das Opfer? Wer braucht das Opfer? Wem dient das Opfer? Ein heutiger aufgeklärter Mensch denkt schnell an primitive Vorgänge, an Blutvergießen, an Menschenopfer, an Tierschlachtungen und all das, was dem modischen feinen Geschmack widerstrebt. Er sieht dahinter kannibalische blutige Brutalität einer archaischen sadistischen Gottesvorstellung. Die Ursprungspraxis des Opferns aber zielt auf eine Funktion für die Gesellschaft. Es ist nicht ein Gott, der das Opfer braucht, sondern die Gemeinschaft der Menschen braucht es für die eigene Überlebensfähigkeit. Opfern ist nicht das Synonym für töten, sondern Opfern ist gleichbedeutend mit einem die Gottheit, die Ahnen oder die Gesellschaft versöhnenden Akt. Das Opfer hat immer einen Anlaß, und der Anlaß ist Bedrohung, Unfrieden, Naturkatastrophe, Krieg, Mord. Wenn so etwas eingetreten ist, was alle beunruhigt, sucht die Gemeinschaft nach einem symbolischen Akt, um die Störung zu beseitigen. Sie fühlt, etwas ist in Unordnung geraten und muß im Angesicht der Götter wieder in Ordnung gebracht werden. Nicht jeder darf das tun. Gerade dafür gibt es Auserwählte, ausgebildete und befugte Priester, Medizinmänner, Schamanen, Kultfunktionäre. Sie bestimmen den Ort, wo geopfert wird. Sie führen die Regeln korrekt aus, sie bestimmen das Opfer und sie vollführen die Zeremonien, die nur ein Ziel haben: daß danach Frieden einkehrt. Das Opfer ist also die kultische, symbolische Ersatzhandlung für den Krieg. Wenn bereits Blut geflossen ist, unterbricht das Opfer die Gesetze der Blutrache, die ins völlige Chaos führen. Es soll gerade den Krieg, vor allem den Bürgerkrieg mit seinen Eskalationen verhindern oder doch magisch unterbrechen. Das Opfer ist die letztmögliche Vermittlung zwischen dem Geschädigten und dem Täter. Das Opfer ist die Besiegelung alter Bündnisse und Verträge. Das Opfer versöhnt die Gesellschaft, indem sie sich neu wieder der alten Regeln, Gottes- und Menschenverhältnisse erinnert, mit denen sie sich einst gegründet hatte. Es gibt kein wirksames Opfer, wenn es nicht diese Kraft hat, zu versöhnen und einen neuen Friedenszustand herbeizurufen.

Die vier Funktionen Gottes

Die Gottesfrage ist also der Versuch einer Antwort auf Menschenfragen. So wie wir die vier existentiellen Gründe genannt haben, die den Menschen veranlassen, nach religiösen Antworten zu suchen, so lassen sich auch, bei aller Unterschiedlichkeit der verschiedenen Religionen, die Funktionen, die dem einen Gott oder den vielen Göttern beigemessen werden, als Antworten auf diese Fragen verstehen. Der Gläubige – egal zu welcher Religion er sich zugehörig fühlt – versteht Gott als Grund seiner Existenz, der sich auf vielfältige Art und Weise offenbart und damit sein Sein für den Menschen zu erkennen gibt. Der areligiöse Mensch kann all diese Gotteserfahrung und Gottesbilder und Gottesoffenbarungen als Produkt menschlicher existentieller Fragen und Notsituationen verstehen, wenn nicht gar polemisch als »Opium für das Volk« (Karl Marx). Beide aber leugnen nicht, daß es ein Suchen, eine Sehnsucht, gibt, gegründet in menschlicher Lebenserfahrung, auf das hin in allen Kulturen göttliche Antworten erfahren oder Götterbilder entworfen wurden.

Die *erste Funktion* ist die eines *Patriarchen*, eines Ernährers, einer Vater- oder Muttergestalt. Gott sorgt für mich, Gott erhält mich, Gott ist ein Du, zu dem ich reden kann und von dem ich eine bestimmte Antwort erfahre. Es ist diese soziale Funktion der Gottesvorstellung, die die Menschen als erstes suchen. Er ist ja auch nicht nur mein Gott, sondern zugleich der »Gott der Väter«, von dem ich nur deswegen weiß, weil auch schon meine Vorfahren auf ihn gebaut und von ihm Schutz und Hilfe erfahren haben. Diese Schutzfunktion wird gelegentlich, besonders in harten oder kriegerischen Zeiten, als Schutzgottheit oder sogar als Heerführer verstanden, gehört aber mit in diesen Bereich der patriarchalischen Qualität Gottes und der Göttervorstellungen. In der alttestamentlichen Tradition ist dies am deutlichsten in der Gottesfigur des Deuteronomius ausgeführt, wo Jahwe sich um seine Kinder sorgt wie ein Großgrundbesitzer, der einen kostbaren Garten besitzt. Dieser Gottesgarten ist das Vorbild des Paradieses, in dem für die Menschenkinder allumfassend und verschwenderisch gesorgt ist, so daß sie sorglos leben könnten, wenn sie nicht das Experiment der eigenen kreativen und gefährdeten Existenz vorziehen würden, zu der sie von der Schlange verführt werden. Aber auch der gute Gott vieler Psalmen ist hier zu nennen, in denen gerühmt wird, daß der Herr mein Hirte ist, der Fels, auf den ich baue, mein Schützer, ein starker Held, ein ewiger Vater.

Die *zweite Funktion* ist die des *Weltenschöpfers*. Das ist der Gott, den ich in seiner kosmischen Allmacht begreife und verehre, dessen Erschaffung und Gestaltung von Sonne und Mond, Tag und Nacht, Licht und Finsternis, Meeren und Festländern, Fauna und Flora ich nur staunend begreifen kann. Das ist der Gott, der mich auch persönlich aus dem Nichts, dem Ton, dem Staub oder ganz individuell mit allen meinen Gaben und Talenten im Mutterleib geschaffen und geformt hat. Das ist in den Genesis-Erzählungen des Alten Testamentes der Schöpfer-Gott der sogenannten Priesterschrift, der mit staunendem Lob gerühmt und poetisch in den Psalmen bejubelt wird. Das ist auch der Schöpfer-Gott, den die Sonnenkulte der Ägypter und die Sonnenphilosophie der Inka-Könige zu ergründen versuchten. Er ist der Gott, der der Ursprung jenes Zaubers des Lichts, des Tages und der Sonne ist, dem sich die Menschenkinder so wenig entziehen können, selbst wenn sie ihn zugleich als den Hüter der Nacht und des Schattens, des Donners und als den Urheber der Sintfluten verstehen. Er bleibt der Schöpfer, der Gewaltige, die große Kraft, der Hüter des Alls.

Die *dritte Funktion* antwortet auf die Frage nach dem Tod und der Sterblichkeit des Menschen. Gott ist *der Ewige, der Unsterbliche*, der der menschlichen Existenz entweder ganz enthoben ist – wie die Monotheisten glauben – oder der doch nicht in gleicher Weise der Sterblichkeit unterworfen ist – wie die altgermanische Edda von den nördlichen Göttern oder wie die Mythen der Griechen von den Göttern des Olymp bezeugen. Zu der Ewigkeit Gottes gehört, daß er die Zeit geschaffen hat und damit die Möglichkeit von Geschichte, ihr aber selbst enthoben ist. Besonders gerühmt wird, wenn dieser ewige zeitlose Gott dann doch aus freien Stücken das Menschenschicksal teilt.

So wird es im Christentum von Jesus als dem Gottes-sohn berichtet. Von Zeit zu Zeit läßt sich der Ewige auf eigenartige Weise mit den Sterblichen ein, wie der Griechengott Zeus und der germanische Wotan. Daß Gott allein ewig ist, ist aber auch die einzige Ursache dafür, daß die Toten bei ihm wieder ein Sein, ja eine Heimat haben werden. Der Grund ist allein der, daß sie nie aus diesem Bezug zu dem Ewigen herausfallen können, weil er selbst ewig ist – wie immer diese Hei-mat dann auch vorgestellt, bebildert und ausge-schmückt sein mag.

Die *vierte Funktion* ist die Funktion der *Gerechtigkeit*, des *Gesetzgebers*. Diese Funktion antwortet am mei-sten auf die Erfahrung der Ambivalenz des menschli-chen Schicksals. Was immer mir passiert, bezogen auf Gott, der die Gerechtigkeit ist und verwaltet, wird mir Recht werden, das ist eine der Ur-Hoffnungen für eine geschundene und am Leben verzweifelnde Menschheit. Ja noch mehr, für die Ägypter, Babylo-nier, Perser, die Inkas und ganz besonders für die mo-saische Religion ist Gott der Gesetzgeber, der nicht nur in ewiger Seins-Ferne für sich allein gerecht ist, sondern, konkret formuliert, für das Menschenleben Gesetze erläßt. Allein diese Tatsache, einen von der Gottheit selbst stammenden Gesetzes-Kodex zu be-sitzen, zeichnet ein Volk vor anderen Völkern aus, da sie damit den so seltenen inneren und äußeren Frie-denszustand erreichen könnten – wenn sich nur alle gesetzestreu daran halten.

Wir sehen: Der Patriarch und Schützer, der Schöpfer und Weltengott, der Ewige, der gerechte Gesetzgeber, das alles sind Zuschreibungen, die erklären, was Menschen bei ihren Göttern suchen und welchen Trost sie von ihnen erfahren. So unterschiedlich die verschiedenen Religionen auch aussehen, ihre tiefsten Texte und wichtigsten Rituale beziehen sich alle auf diese vier Funktionen. Sie halten die Welt im ganzen und auch das Schicksal der einzelnen Völker in göttlich verstandenen Ordnungen, von denen die jeweiligen Königtümer und Staaten nur Abbilder sind und sein können.

2
ÜBER DIE GÖTTER,
DIE DIE WELT
VERLASSEN HABEN

Die Fundstellen der
alten Götter

Es gehört zur monotheistischen Weltdominanz und mehr noch zur säkularen Globalisierung, daß wir von vielen alten einstmals mächtigen Göttern heute nur noch in Bruchstücken von Wissen, in schwerverständlichen Texten, durch archaische Götterstatuen oder längst verlassene heilige Stätten erfahren. Es ist deswegen nicht ganz einfach, diese Götter – und sei es nur für das richtige Verständnis – wieder mit Leben zu erfüllen. Ein unaufhaltsamer tausendfacher Götter-Exodus hat stattgefunden. Viele der Götter, die einmal große Macht hatten über Seele und Geist ganzer Völker, haben die Welt und das menschliche Bewußtsein verlassen. Es gibt noch ihre Spuren, es gibt einen Nachklang von alter großer Bedeutung, eine ganz eigene Aura. Aber es gibt ganz wenige authentische Zeugnisse. Auch diese sind durch vielfache Interpretationen, Brechungen, Synkretismen gegangen.

Nicht wenige dieser alten Zeugnisse lesen sich als Urtext von späteren Überschreibungen. So ist längst bekannt, daß das Christentum, als es sich in den germanischen und nördlichen Ländern ausbreitete, häufig seine Heiligtümer auf den Fundamenten alter keltischer Heiligtümer aufbaute. Das mußte nicht immer mit der Zerstörung der alten Kultstätten übereingehen, gelegentlich wurde auch einfach ein Kreuz auf einen heiligen Berg gestellt; statt einer alten keltischen Muttergottheit wurde er nun der Jungfrau Maria geweiht und entsprechend umbenannt. Daß die spanischen christlichen Eroberer im Reich der Mayas und Inkas nach den Zeiten des Vandalismus, des Raubes der Goldschätze und vieler heiliger Kultobjekte immer stärker zu religiösen Mischformen griffen, zu Umdeutungen, Übermalungen und Anknüpfungen an alte Festrituale und eine überkommene Formensprache, ist bekannt. Die ursprüngliche brutale Phase der ersten Eroberung, die mit dem Mord an den Inka-Königen, der Versklavung der Adeligen und Eliten des Inka Reiches übereingingen – wobei in der Regel auch ein Feldgeistlicher die Waffen für die böse Tat segnete –, wurde im Nachhinein abgemildert, nicht zuletzt unter dem Einfluß jener Missionare und Orden, die erkannten, daß so auf Dauer keine ertragreiche Kolonialherrschaft aufgebaut werden konnte. Die ersten Jesuiten-Patres, die sich nach Asien aufmachten, führten gelehrte philosophische Dispute mit den jeweiligen Despoten über die mögliche Kongruenz, wenn nicht der religiösen Vorstellungen, so doch der daraus resultierenden ethischen Normen vom Christentum auf der einen Seite, von Konfuzianismus und Buddhismus auf der anderen Seite, zum Nutzen der gegenseitigen Befruchtung. Auf dem indischen Kontinent, wo sich von jeher die unterschiedlichsten Religionen trafen und sich weitgehend gegenseitig tolerierten, gibt es die eigenartigsten Mischformen gegenseitiger religiöser Beeinflussung und Einwanderungen von Göttern und Heiligenfiguren in die aktuell dominierende Hauptreligion eines bestimmten Gebietes. Da ist ein buntes synkretistisches Gemisch von Heiligen, Lamas, Geistern und Göttern entstanden.

Wer also nach den reinen, alten Göttern fragt, braucht sehr genaue archäologische, religionsgeschichtliche, kunstgeschichtliche und textkritische Kenntnisse, um in den einzelnen heutigen Riten, Statuen, Tempeln und alten Schriften die älteste Form aus den späteren Übermalungen, Überschreibungen und Vermischungen herauszufiltern.

Nur in den Gebieten, die, wie durch ein Wunder, meist durch ihre geographische Lage bedingt, von den Eroberungszügen, kolonisatorischen und imperialistischen Expansionen verschont blieben, gibt es gelegentlich noch Formen der alten Religion zu entdecken, die auch für den kundigen Forscher als weitgehend ursprünglich erscheinen. Dies alles muß man bedenken, wenn man einen vorsichtigen Überblick über das Heer jener Götter sich zu beschaffen wagt, die die Welt bereits verlassen haben.

Die Grundtypen
der verlorenen Götter

Als *erstes* sind dort jene *lokalen Naturheiligtümer* und Gottheiten zu nennen, die an einem bestimmten Punkt der näheren Umgebung verehrt wurden, weil das Leben der dort siedelnden Menschen von ihnen abhing. Verehrt wurde ein Gott des höchsten Berges. Verehrt wurden Flußgötter, Quellen, heilige Haine, uralte Bäume. Verehrungswürdig waren gefährliche Schluchten, Grotten oder Gebirgspässe, die einen Wechsel von einem Gebiet zum anderen markierten. Wer im heutigen Tibet reist, erkennt alle diese Stellen noch dadurch, daß sich dort Gebetsfahnen in riesiger Fülle befinden, die mit heiligen Zeichen übersät sind. Jeder Windstoß trägt damit ein Gebet zu den natürlichen Heiligtümern, ebenso, wie die Gebetstrommeln mit den in ihnen eingeschlossenen rituellen Zeichen mit jeder Umdrehung diese Gebete zur anwesenden oder fernen Gottheit senden. Bei den indigenen Lappen im Norden Europas und Rußlands wurden so die Götter des Meeres, die Flußgötter, insbesondere das Polarlicht, riesige Findlinge, Fabeltiere und uralte Bäume verehrt, um die sich die Götter oder Geister regelmäßig versammeln. Wie bei den Lappen sind diese Stätten der Götter oft mit der Erinnerung an die Ahnen und mit ihren Totenstätten verbunden. Diese Totenkulte ähneln denen der Kelten, die ihre Toten in großen Stein-Gräbern – immer mit dem Ausblick zu einem Fluß, einem See oder einem Meer – begruben. Die Toten sollten dieses Wasser, eine Art Hades, mit der Hilfe eines göttlichen Fährmannes überwinden, um leichter ins Totenreich zu gelangen.

Aus den Exodusgeschichten des Alten Testamentes ist eine große Reihe von Begegnungen von solchen lokalen Heiligtümern überliefert, die als ursprüngliche Göttersitze vermutet werden dürfen. Wenn zum Beispiel Jakob an einer bestimmten Stelle einen Traum von der Himmelsleiter hat (Gen 28, 12-17), dort eine Begegnung mit einer unsichtbaren Macht stattfindet und am Ende diese Stätte in Beth-El, Haus Gottes, umbenennt, dann ist genau ein solcher Vorgang zu vermuten: die Begegnung mit einer ursprünglichen Gottheit auf dem Boden ihres angestammten Heiligtums, deren Überwindung, Umbenennung und Eingliederung in die eigene Heilsgeschichte proklamiert wird.

Der *zweite Typ* von Göttern, die die Welt verlassen haben, sind die *Toten-Götter*. Ihr Ort sind die oben schon genannten Gräberfelder und Totenstätten, die in allen Religionen kulturelle Verehrung genossen. Das hat mit der Verehrung der Ahnen und der Vorväter zu tun, aber mehr noch mit der Angst in Bezug auf deren ungewisse Seinsform und Wirkungsmacht. An den Totenstätten waren besondere Opfer notwendig, nicht nur um die Ahnen in einem eventuellen Jenseits zu versorgen, sondern auch, um sie ruhigzustellen, damit sie die Grenze zum Bereich der Lebenden nicht furchterregend wieder überschreiten konnten. Die Vielzahl von Schutzgeistern, die wir so zahlreich in Asien finden, im Buddhismus wie im Hinduismus, und die eindrücklichsten Totems und Fetische Afrikas, gehören zu diesen Dokumenten. Die bedeutendsten Totenstätten aber, die immer zugleich Wohnstätten von Göttern waren, sind die riesigen Königsgräber in Asien, dem Vorderen Orient und Lateinamerika. Die großen Pyramiden Ägyptens bei Theben und Gizeh, die gigantischen Grabanlagen im alten China in der Nähe von Xian, die Pyramiden der Inkas, Mayas und Azteken haben bis heute diese magische Kraft und geben uns immer noch Rätsel über ihre Entstehung und Bedeutung auf. Pyramidenartige Grabpaläste gab es sogar im alten Tibet, und nicht zuletzt prunkte Indien mit riesigen Grabanlagen gewaltigen Ausmaßes und einer unfaßbaren Opulenz. Natürlich sind letztere für unsere Augen vorrangig Königsgräber, aber fast immer stand dahinter ein Verständnis des Königtums, das den König als Abbild der göttlichen Herrschaft und als der Sphäre der normal Sterblichen entzogen verstand. Deswegen wurden auch die Könige so verehrt, als seien sie reale Götter. Die Götter aber, die dieser Verehrung die eigentliche Macht und Ursache gaben, sind aus diesen Pyramiden und Grabanlagen geflohen, wir sehen heute nur noch den übermäßigen, königlichen Luxus einer Ausbeutergesellschaft. Diese Sicht trifft sicher nicht das, was frühere Kulturen darin so tief verehrt haben.

Die *dritte Kategorie* verschwundener Götter sind die *Staatsgötter, die in Tempeln wohnten*. Wann immer eine Kultur zu dem wurde, was wir Hochkultur nennen, hatte sie in ihrem Zentrum eine Kultstätte für die Zentral-Gottheit. Diese Gottheit ist eng verbunden mit der Gründungsgeschichte des Volkes. Frühe Völker konnten sich ihre eigene Existenz nie anders erklären, als durch den Gründungsakt einer Gottheit initiiert, den Akt ihres Bündnisses mit diesem speziellen Volk. Die meisten dieser Kultstätten finden sich in prunkvoll gebauten Tempeln, die vielfältigen Funktionen dienten. Sie dienten den Festen, die entweder an die Staaten- und Völkergründung oder an die Königskrönungen erinnerten. Sie dienten nicht selten der Rechtsprechung, die um den Tempelbezirk herum stattfand. Sie dienten bis in die Zeiten des Mittelalters und gelegentlich bis in die Neuzeit hinein der Pflege besonderer heiliger Gegenstände, von Reliquien, von Königs- oder Heiligengräbern. Sie dienten vor allen Dingen den Versammlungen der Völker und Gemeinschaften an den rituellen Feiertagen. Die noch heute existierenden Sonn- und Feiertage sind eines der ältesten Geschenke früherer Religionen an die heutige Menschheit – in Zeiten der Säkularisation und des ausschließlich materiellen ökonomischen Welt- und Lebensverständnisses wären sie sicher nicht mehr verbindlich einzuführen! Aber für frühere Kulturen waren solche Festtage Höhepunkte des Lebens, der Selbstvergewisserung und der eigenen Existenzberechtigung. Sie feierten die ganze Welt als Wohnung Gottes, repräsentiert durch Staat, Tempel, Götterbilder und Kultur.

Diese Tempel- und Kultbezirke sind besonders eng mit dem Königtum als dem höchsten Repräsentanten der Gottheit verbunden. Dabei ist das Verhältnis von oberstem Tempelpriester und König in den unterschiedlichen Religionen auf die komplizierteste Weise geregelt worden, denn an Spannungen und Machtkämpfen fehlte es nie zwischen Thron und Altar. Aber die räumliche Nähe von Tempel und Königspalast wurde doch gesucht. Erst so entstand das Zentrum großer Städte, regelrechter Metropolen, von denen schon sehr früh in China, Lateinamerika, Ägypten und Mesopotamien berichtet wird. Diese Städte selbst sind ursprünglich wegen der Zentralheiligtümer entstanden. Dorthin wanderten die Völkerscharen, dort entstanden Handel, Handwerk und Künstlerwerkstätten, Versorgungseinrichtungen, Verkehrswege, Karawansereien, Übernachtungsstätten, Verwaltung und Ordnungsfunktionen. Nichts ist erklärlicher, als daß an solchen Orten, wo die Menschenmengen anwuchsen und in ihrem Miteinander ein geordnetes Gemeinwesen bilden mußten, die Vorstellung eines obersten Stadt- und Staatsgottes entstand. Nicht selten trug die Stadt dann den Namen dieser Gottheit, wie zum Beispiel den der Göttin Athena im alten Athen. In solchen Fällen schützten dann die Göttin oder der Gott selbst die Stadt vor möglichen Feinden und Belagerern. In anderen Fällen repräsentierte der König anstelle der Gottheit, vom obersten Priester gesegnet, die Ordnung der Stadt und übernahm im Kriegsfalle die Schutzfunktionen.

Gerade in diesen Städten entsteht zum ersten Mal auch das Problem der Konkurrenz vieler Götter. Denn die hinzukommenden neuen Bürger, die die Faszination der Stadt anzog, die Fremden und Gäste, brachten jeweils ihre eigenen regionalen Gottheiten mit. Insbesondere galt das für die zahlreichen Zwangsarbeiter und Sklaven, die die wachsende Stadt und der aufblühende Tempelbezirk benötigten. Unter diesen vielen einzelnen, meist auf natürliche Gottheiten zurückgehenden Götterfiguren gab es eine mögliche Konkurrenz, die auch die Ordnung der Stadt hätte gefährden können. Deswegen lösen fast alle Metropolen der frühen Hochkulturen dieses Problem durch eine Mischung aus Hierarchisierung und innerer Toleranz. Die vielen Götter wurden geduldet, wenn sie sich der zentralen Gottheit unterordneten und zuordneten. Die zentrale Gottheit – Assur in Assyrien, Marduk in Babylon, Amon-Re in Ägypten – sorgte dafür, daß sie ihre Besonderheit behalten und ihre Religionspraxis durchführen konnten, beanspruchte aber einen natürlichen Vorrang, der gleichbedeutend war mit der Personifikation des Gemeinwesens, zu dem alle gern gehören wollten, da es ihnen Schutz, hochentwickelte Kultur und Wohlstand versprach. Man kann also sagen, daß es schon in diesen Zeiten Tendenzen zu einer Art von religiöser Toleranz gab, die die Vielfalt von Götter- und Heiligenfiguren im Umkreis der Zentralgottheit akzeptierte. Aus dieser Epoche stammen die kostbaren Götterstatuen, heiligen Tiere und Schriftsäulen, die sich immer im Umkreis des zentralen Heiligtums und der zentralen heiligen Bezirke in den großen Städten des Altertums befanden. Die Welt der lebendigen Religionen und Kulte haben sie verlassen müssen. Sie bevölkern heute in einem eigenartigen Dämmerzustand die zahlreichen Museen des Altertums in Europa, Nord-, Mittel- und Südamerika, Asien und dem Vorderen Orient. Sie sind kulturelles Erbe der Menschheit geworden.

Der *vierte Typ* von Göttern, von denen wir nur von ferne hören, die aber die Kraft verloren haben, das Alltagsleben der Menschen zu bestimmen, sind die *Götter der großen Mythen und Göttererzählungen.* Sie wurden nicht in Statuen abgebildet und meist auch nicht in Tempeln und heiligen Bezirken eingefangen, sondern sie gingen ein in die großen Erzählungen und Epen mancher Völker.

Besonders bekannt sind die griechischen Mythen, wie sie uns in den Schriften Homers überliefert sind und dann im ganzen Mittelmeerraum, von Kleinasien bis Rom, tradiert wurden. Da ist im Zentrum ein Göttervater Zeus oder Jupiter, der um sich herum eine zahlreiche Götterfamilie versammelt hat, die exemplarisch ist für alle Glücks- und Unheilserfahrungen, die Menschen so machen können: für die Liebe und die Leidenschaft genauso wie für die Besessenheit, die Eifersucht, die Aggression, den Krieg, die Seefahrt, die Unterwelt, das Flötenspiel, das Schicksal der Städte und die unterschiedlichsten Charaktereigenschaften der Menschen. Die Botschaft dieser griechischen Götterwelt lautet: Nichts Menschliches ist den Göttern fremd, sie mischen sich ein in das Menschenleben, sie verführen und helfen, sie segnen und schicken Unheil, sie begehen Verbrechen und unterliegen tragischen Irrtümern. Sie haben ihre Lieblinge, sie führen Kriege, sie treiben Schabernack. Sie segnen die Produkte der Menschen, sie heilen und schicken Gebrechen und Not. Insbesondere Zeus selbst ist keineswegs das, was man als einen Idealgott bezeichnen könnte. Er verliebt sich in Menschenkinder, er ist parteiisch, er kennt sich manchmal in seinem gewaltigen Götterfamilienverbund nicht mehr richtig aus, er wandert verloren und einsam über den Erdkreis.

Für das Europa des 18. Jahrhunderts, das sich von den christlichen Allmachtsansprüchen befreien wollte, war dieser Rückbezug auf den Humanismus der griechischen Götterwelt faszinierend. Die Vorliebe für den griechischen Olymp ist deswegen auch eng mit dem Geist der Aufklärung verbunden, mit der Freimaurerei, der viele europäische Fürsten, zahlreiche Dichter und Denker (Goethe, Schiller, Hölderlin u.a.) und nicht zuletzt die Gründungsväter der Neuen Welt anhingen. Der Bezug auf diese Götter versprach mehr Autonomie für den Menschen. Nicht wenige suchten darin auch die Alternative zu den verhaßten Religionskriegen der monotheistischen Religionen. Aber der Idealismus, den diese griechische Götterwelt versprach, war letztendlich doch kein Schutzwall gegen die Kriege und Inhumanitäten der aufkommenden Moderne und schon gar nicht gegen den Rausch der aufkommenden Ideologien der Menschenvergötterung des 20. Jahrhunderts.

Besonders reich an Göttermythen ist die Religionsgeschichte Indiens, die bis heute eine vielfache Vermischung von Götterlegenden und Menschengeschichten, von Heiligtümern, Schutzgeistern, Ashrams, Gurus, Lamas und Heiligen kennt. Das ist sicherlich einer der Gründe, warum dieser Kontinent der vielen Religionen, der vielen Völker und Staaten, immer wieder die Kraft findet zu innerer Toleranz und einem die Vielfalt bejahenden Ausbalancieren der verschiedenen Kulturen. Daß auf dem indischen Kontinent zum ersten Mal eine gewaltfreie Überwindung der christlichen Kolonialherren gelang, hat ganz sicher mit diesen religiösen Wurzeln zu tun. Aber auch die waren am Ende nicht stark genug, um die wachsenden Konflikte zwischen dem Hinduismus und dem Islam auf dem indischen Subkontinent zu unterbinden, die auch hier den Frieden immer wieder gefährden – ganz abgesehen von den gigantischen sozialen Verwerfungen infolge des Kastenwesens.

Der germanische Götterhimmel kennt, überliefert in den Schriften der Edda, große Göttererzählungen, die in ihrem Grundcharakter dem griechischen Götterverständnis durchaus entsprechen. Auch hier ist der Zentralgott Wotan der Chef eines riesigen Götterfamilienclans, der mit Muttergottheiten, Riesenfiguren aus grauer Vorzeit, Walküren, die zwischen der Götter- und der Menschenwelt als Zwitterwesen existieren, angefüllt ist. Stärker noch als die griechischen Mythen sind die germanischen Göttersagen kampf- und kriegsgeprägt. Sie haben insgesamt einen düsteren Charakter, weil am Ende der Gottheit die Kontrolle über die Heldenkämpfe und gigantischen Völkerschlachten gänzlich entgleitet. Dafür sind die nordischen Sagen stärker an der Frage der Gerechtigkeit, des edlen Königtums und der selbstlos kämpfenden Helden und Ritter interessiert.

Alle diese griechischen, indischen und nordischen Göttersagen sind in Fragen der Moral freier, unbefangener und sinnlicher als die späteren Gesetzesreligionen, sie moralisieren weniger das Leben der einzelnen, zeigen dennoch ein tiefes Verständnis von menschlichen Verstrickungen und Tragödien. Das macht ihre eigenartige Melancholie aus.

All diesen Göttern, den Göttern der Naturheiligtümer, den Göttern der großen Totengedenkstätten, den Göttern der frühen Metropolen und den Göttern der alten großen Erzählungen ist eines gemeinsam: Sie werden nicht mehr geglaubt und haben damit auch weitgehend die Macht über die Menschen verloren. Sie sind Theaterstoff geworden. Von ferne hört man noch ihre Geschichte, manchmal ahnt man in den großen archäologischen Museen noch ihre frühere Aura und ihre magische Kraft. Gelegentlich überwintern sie in Anthroposophie und Alchemie, bei einigen esoterischen Zirkeln, in New-Age-Bewegungen, mystischen Gruppen und in den höchst populären Romanen von Avalon, dem Gral oder dem Herrn der Ringe. Aber ihre Kraft, die Gemeinwesen und die Seelen der Menschen zu bestimmen, ist gebrochen.

Und dennoch gibt es gelegentlich so etwas wie eine Trauer, einen späten Zweifel, ob dieser gewaltige Götterexodus den Menschen nur Freiheit und Glück gebracht hat. Gab es doch auch in all diesen alten Religionen eine überwältigende Spiritualität, ein tiefes Wissen von der Welt und ihren verborgenen Ordnungen und eine große Sorge vor dem Zustand, in den eine Welt geraten kann, die von all diesen Ordnungen nichts mehr weiß. Wo Götter eine Welt verlassen, bleibt immer eine Leerstelle zurück. Manche spüren sie und machen sich mit einer unbestimmten Sehnsucht auf die Suche.

Gewinn und Verlust beim Exodus der Götter

Es gab also einmal eine Zeit, da waren alle von Menschen bewohnten Gebiete der Erde angefüllt mit Götterstatuen, Kultstätten, Stupas, Götterbildern und Göttererzählungen. Unsere Phantasie reicht nicht wirklich aus, sich das praktische Alltagsleben unter dieser Fülle von Gottheiten vorzustellen, die mit täglichen Opfern, festgeschriebenen Riten und Festtagszyklen das Leben der Menschen bestimmten, die Auskunft gaben in schwierigen Lebenssituationen, bei Tod und Geburt, die heilten und segneten, verfluchten und verbannten. Nur in manchen alten Kultorten im Himalaja, nur in der allgegenwärtigen intensiven Religiosität voller Inbrunst in Tibet, nur in manchen ekstatischen Kultzeremonien in Afrika oder Teilen Südamerikas läßt sich noch erahnen, wie intensiv die Religion Leben und Lebensgefühl der Menschen einmal beeinflußt hat.

Dem modernen Menschen erscheint vieles an diesen religiösen Praktiken unfrei und zwanghaft – das trifft aber ganz sicher nicht den Kern der Ursprungsbedeutung dieser Religionen. Glaube, Hingabe, mystisches Erleben, das Gefühl einer geistigen Heimat und eines außerirdischen Lebenszweckes, dazu eine enge Verbundenheit mit dem Denken und Sein der Vorfahren und das Gefühl einer engen Verbundenheit mit allen zukünftigen Generationen prägte diese frühen Religionen und Kulturen genauso oder sogar noch intensiver, als wir es von den monotheistischen Religionen kennen. Wer einmal erlebt, wie die Pilgerscharen aus Indien, Nepal, Tibet, zunehmend auch aus China, um den für Hindus wie Buddhisten gleich zentralen heiligen Berg Kailasch pilgern, der kann sich dem Eindruck von Ergriffenheit kaum entziehen und wird sparsam sein mit rational-zynischen Kommentaren.

Früheren Kulturen war es auch eine große Selbstverständlichkeit, daß in Klöstern, Eremitagen, besonderen Heiligtümern eine kleine Gruppe von Äbten, Mönchen und Nonnen dafür lebte, daß das ganze Gemeinwesen durch ihre Gebete, Meditationen und Opfer gesegnet würde. Es erschien als vernünftig, daß man für diese Aufgaben eine besondere Gruppe von Menschen braucht, die nicht etwa auf Kosten der Gemeinschaft lebten, sondern, nach allgemeinem Verständnis, zu ihrem Nutzen. Waren sie doch zugleich eine Adresse für die Sehnsüchte aller nach Mittlern zu der Sphäre des Göttlichen, nach Meditation und göttlicher Hilfe in allen möglichen Lebensbedrängnissen.

Sowenig es also einen Grund gibt, sich über diese Zeiten der vielen Götter, der vielen Klöster und Heiligtümer mit moderner Hybris zu erheben, so zwingend ist doch die Einsicht, daß irgendwann diese Praxis des Polytheismus den meisten Menschen als unzureichend, zu eng, zu wenig der Wahrheit entsprechend erschien. All die Götter eines Weltverständnisses der Vielfalt, der Überwältigung durch die Natur, durch ihre Schönheit oder durch ihre Bedrohung haben nach und nach die Welt verlassen, weil die Menschen nicht mehr an sie glaubten, weil sie sie nicht mehr als hilfreich genug für die notwendige Welterkenntnis verstanden. Nicht zuletzt aber wurden sie schwächer und schwächer, weil es in vielen Regionen der Welt fast gleichzeitig eine ganz große Sehnsucht gab: die Suche nach dem einen Gott, der hinter den vielen Göttern verborgen wäre.

Ohne Zweifel ist der Exodus der alten Götter mit einem Verlust verbunden, einem Verlust an Spiritualität und auch an Kreativität. In den Naturreligionen war die Natur so sehr das Maß aller Dinge gewesen, daß sie auch die Urform jeden menschlichen Schönheitsverständnisses und jeder künstlerischen Form bildete. Die alten griechischen und germanischen Götter wiederum waren ja zugleich Bilder der menschlichen Psyche – so hat es auch Freud und sein Schüler C.G. Jung interpretiert –, sie schilderten die Dramen unter den Menschen, die diese sich später dann ganz allein zu bewältigen zutrauten, ohne die Hilfe, die Unterstützung und den Rat der Götter. Die griechischen, germanischen und auch die Naturgötter hatten in der Regel die Polarität von Gut und Böse akzeptiert und nicht beseitigen wollen, den Gegensatz von Tag und Nacht, von Licht und Finsternis. Sie hatten nicht eingegriffen in den Lauf der Dinge und der Welt, sondern ihn verzaubert, spirituell interpretiert und mit göttlichen Energien gesegnet.

Der archaische Gottesbezug brachte also Qualität, Spannung und Tiefe in das menschliche Leben, durch sinnliche Anschauung und die Vorformung eines Begriffs von Harmonie, Güte, Edelmut und Lebenssinn. Er brachte auch Dramaturgie in das menschliche Leben mit seinen Festen und Ritualen, alles Formen der Ankunft des Göttlichen und Spirituellen im Alltagsleben der Menschen. Der Gottesbezug und die allgegenwärtige Präsenz der Religion entwickelten Kultur und Kunst, und in diesem Koordinaten-System formierte sich auch die Identität der einzelnen Völker.

Aber daneben gab es auch immer etwas anderes: nämlich die Angst. Die Angst, ein Opfer oder ein Ritual nicht vollkommen erfüllt zu haben. Die Angst, einen der Götter nicht richtig geehrt zu haben. Die Angst vor den dunklen Göttern, die ebenfalls mächtig waren und manchmal rachsüchtig und von blinder Leidenschaft. Die Angst vor den Ahnen, die allgegenwärtig waren in geisterhafter Existenz und das eigene Leben kontrollierten. Die Angst, daß in dem eigenen Lebensunglück, in der Naturkatastrophe, im Krieg eine Schuld geahndet würde, die auch die größten Opfer nicht zu sühnen in der Lage sind.

Nicht zuletzt nahmen die vielen Götter auch einen immer größeren Anteil vom Leben der Menschen in Besitz: Größer wurde die Zeit, die für die Rituale täglich aufgewendet werden mußte, größer der materielle Aufwand, der für die wachsenden Tempel- und Klosteranlagen zu leisten war. Größer wurde die Summe von Spenden für das Personal der heiligen Orte und

Feste. Umfangreicher waren die Steuerlasten, um all diesen Aufwand zu finanzieren. Zwingender wurde die Notwendigkeit, Zwangsarbeit und Sklaven einzusetzen, um die immer gigantischeren Bauvorhaben von Tempeln und Grabanlagen zu realisieren. Der gesteigerte Wunsch nach immer neuen Bauten, Kunstwerken, immer üppigeren Festen, neuen Arten von Opfern war wie eine Sucht, ein Rausch, den keiner mehr stoppen konnte. Wenn nicht Gott selbst eingriff.

3
DER GOTT
DER OFFENBARUNG

Warum kam es zum Monotheismus?

Wann und wo genau das Suchen nach dem einen Gott begann, der hinter den vielen Göttern steht, der mit all ihren unterschiedlichen Erscheinungsformen im Eigentlichen gemeint sei und sie irgendwann alle ersetzen würde, das ist schwer auszumachen. Karl Jaspers hat diese Zeitepoche von etwa tausend Jahren, in der in derselben Weltgegend gleich drei große monotheistische Weltreligionen entstanden, die den zukünftigen Lauf der Welt entscheidend beeinflussen sollten, zutreffend die »Achsenzeit« genannt.

Und Jan Assmann hat geschrieben:

»Irgendwann im Laufe des Altertums – die Datierungen schwanken zwischen der späten Bronzezeit und der Spätantike – ereignete sich eine Wende, die entscheidender als alle politischen Veränderungen die Welt bestimmt hat, in der wir heute leben. Das ist die Wende von den ›polytheistischen‹ zu den ›monotheistischen‹ Religionen, von Kultreligionen zu Buchreligionen, von kulturspezifischen Religionen zu Weltreligionen, kurz: von ›primären‹ zu ›sekundären‹ Religionen, die sich zumindest in ihrem Selbstverständnis weniger aus den ›primären‹ Religionen in einem Evolutionsprozeß entwickelt, als vielmehr in einem Revolutionsakt von ihnen abgewandt haben. « (*Die mosaische Unterscheidung oder der Preis des Monotheismus,* München 2003, Seite 11)

»Diese Wende hat nicht nur theologische Aspekte im Sinne einer Wandlung der Gottesvorstellung; im Sinne einer Wandlung von kulturspezifischen zu Weltreligionen hat sie auch einen politischen Aspekt ...«

»Diese Wende hat aber nicht zuletzt auch einen medientechnischen Aspekt, als Wende von der Kult- zur Buchreligion, die ohne die Erfindung der Schrift und ihrer konsequenten Nutzung zur Kodifizierung von offenbarten Wahrheiten nicht möglich gewesen wäre. Alle monotheistischen Religionen, auch der Buddhismus ruhen auf einem Kanon heiliger Schriften auf.« (Ebenda, Seite 12)

Das Selbstverständnis der monotheistischen Religionen beruht auf eindeutigen Offenbarungen, die den Bruch mit allen bisherigen Traditionen betonen, vertiefen und als unumgänglich erklären. So bezieht sich die jüdische Religion auf die Offenbarung Gottes auf dem Sinai an seinen Mittler Moses, das Christentum auf die Offenbarung Gottes durch die Geburt und den Kreuzestod Jesu und der Islam auf die Offenbarung des endgültigen Willens Gottes im Koran an den Propheten Mohammed.

Historisch gesehen geht diesen drei Monotheismen aber eine Zeit des Suchens voraus, in der auch in vielen anderen Religionssystemen das Fragen und Nachdenken über den einen Gott in den vielen Göttern vorgebildet ist. In Ägypten hatte es eine geradezu kulturrevolutionäre Epoche in der Amarnazeit unter dem Pharao Echnaton (circa 1350 vor Christus) gegeben, der die vielen, oft tiergestaltigen Götter des altägyptischen Glaubens zerstört, ihre Priester entmachtet und ihre Heiligtümer entweiht hatte zugunsten des Kultes des höchsten Sonnengottes Aton, dessen Verkörperung dann der Pharao selbst sein sollte. Als dieses Unterfangen von der deklassierten Priesterschaft von Theben bekämpft und rückgängig gemacht worden war – und nun wiederum das Gedächtnis jenes Pharao Echnaton ausgelöscht wurde aus der Liste der Pharaonen – hatte sich doch eine veränderte Religion etabliert, in der zwar die vielen Götter ihre Existenz behielten, aber als Erscheinungsformen, gleichsam als Symbole für den *Einen*, in *Allen* gemeinten Gott interpretiert wurden. Ähnliche Tendenzen wurden aus Babylon berichtet, wo die Reduzierung auf den Willen des einen Gottes, der hinter den vielen steht, durch die Festlegung eines Gesetzes- und Moralkodexes, des »Kodex Hammurabi«, unterstrichen wurde.

Aus viel späterer Zeit ist ein ganz ähnlicher Prozeß dokumentiert, nämlich in den religiösen Zeremonien im Inka-Reich, wo die vielen in die Stadt eingewanderten regionalen Götter alle im Umkreis des Tempels der Sonne, der Zentralgottheit, gruppiert wurden, was gleichzeitig ihre hierarchische Untergliederung bedeutete. Dieser Sonnengott aber wurde dann zunehmend durch den vergöttlichten König und seine Schwester, das heilige Paar, repräsentiert, deren oberste Aufgabe der Kult der Sonne war. Und sogar in den Götterwelten der Griechen gab es zunehmend einen Auf- und Abstieg einzelner Götterfiguren: Der einstmals dominierende Dionysos der ekstatischen Feiern verkleinerte sich zu dem Flötengott Pan, dem Liebesgott Amor, dem Faun in den Wäldern. Er ist wie ein gezähmter Naturgott, der vor der Übermacht der ordnenden Götter der Stadt, des Apollon, der Athene und insbesondere des höchsten Göttervaters Zeus weichen und sich ins Zwergenhafte verkleinern muß.

Die Tendenz zum Monotheismus kann also aus ganz unterschiedlichen Entwicklungen und Fragestellungen entstehen.

1. Sie kann aus der *Entwicklung der Stadt und der Staatskultur* entstehen.

Es ist sicher nicht zufällig, daß nicht in den nomadischen Gebieten, nicht in den ländlichen Kulturen, nicht unter den Wüsten- und Steppengöttern die Tendenz zum Monotheismus begann, sondern an den Orten, wo viele verschiedene Götter aufeinandertrafen, weil sich viele Menschengruppen mischten, die die Götter ihrer Väter, Vorfahren und Ahnen mitgebracht hatten. Das Problem mit der Vielfalt der Götter entsteht also in der archaischen Metropole. Und diese Stadt war immer die Hauptstadt eines Staatengebildes und eines Königs. Es vertrug sich nicht mit den Ordnungen der Stadt, daß sich permanent alle Götter und Götterkulte gegenseitig im Wege standen. Es vertrug sich noch nicht einmal mit der notwendigen Koordinierung aller Festtage im Jahreskalender. Gleichzeitig war das Verschwinden von Göttern, waren sie einmal in der Welt, zunächst nicht denkbar. Also ging es um eine Herausbildung von Hierarchien. Gesucht wurde der größere, der mächtigere Gott. Gesucht wurde insbesondere der Gott, der am ehesten in Einklang mit der zentralen Stellung des Königs zu bringen war. So wie der König über den diversen Adeligen, die alle frühen Stadtkulturen kannten, seinen herausragenden Rang hatte, so mußte auch der Gott, auf den er sich bezog und den er repräsentierte, über den anderen stehen. Nicht zuletzt brauchte man diesen zentralen Gott für die Stadt und den Staat, da er letzte Autorität in ethischen Fragen, in Krisensituationen und im Kriegsfalle bedeutete. Die Götter, die die Kriegsfahnen segneten, sind keine Erscheinung der jüngsten Geschichte, sie sind uralt.

2. Sie kann aus dem Wunsch nach *Frieden in der Götterwelt* entstehen.

Der zweite Grund für das Entstehen von Monotheismus wurzelt genau in dieser Sehnsucht, das gefährliche Potential an den vielen mächtigen Göttern zu begrenzen. Man bringe zu viele Götter zusammen auf einen zu engen Raum, schon entsteht Krieg; Krieg zwischen den Göttern und Krieg zwischen den Menschen, die an sie glauben. Diese Ur-Regel über den Verlauf der Götterkämpfe kannten nicht nur die Ilias und die Edda, sie war auch eines der größten Probleme der entstehenden Weltreiche im vorderasiatischen Raum. Ob es nun die Assyrer waren, die Babylonier, die Ägypter, die Perser, die Griechen der Zeit Alexanders oder dann auch die Römer, sie alle strebten große Weltreiche an in einem Gebiet, das zuvor von Tausenden von regionalen Göttern verwaltet wurde. Zwar wollten alle diese Reiche ihre Macht vergrößern – durch Zugewinn von Land, Einflußgebieten und Vasallenstaaten –, alle aber verstanden sich im Kern als Friedensreiche mit zivilisatorischem Auftrag. Insofern hat sich in diesem kategorischen Imperativ von Weltreichen nicht viel geändert in den Tausenden von Jahren, die wir heute historisch überblicken können. Die Götterfrage wurde also auch eine Frage des Friedens innerhalb des angestrebten Reichsgebietes. In dem Sinne ist die Suche nach dem Monotheismus eine Friedensidee. Zugleich aber ist sie eine Imperiumsidee: Das Imperium selbst interpretiert sich als diese Zone der gleichen Zivilisation und des Friedens unter der Leitung einer zentralen Gottheit.

In keinem der genannten Reiche ging die zentrale Macht mit diktatorischen Mitteln in Fragen der Religion vor. Zu genau kannte sie die Brisanz der Religion und den Zorn der Götter. Daß auch die vielen regionalen Götter ihren Anspruch auf Repräsentanz im Umkreis des Zentralheiligtums der Hauptstadt hatten, war allgemeine Staatskunst. Nicht selten wurde auch der umgekehrte Weg der Unterordnung oder Zuordnung beschritten. So ist von Alexander dem Großen bekannt, daß er sich bei Eroberung einer fremden Stadt deren Götter beim Namen nennen ließ, um sich selbst unter diesen fremden Götternamen feiern zu lassen, was zugleich Respekt wie Machtausübung durch Eingemeindung und Umbenennung bedeutete.

Bis zu den neutestamentlichen Erzählungen über die durchaus tolerante Praxis des römischen Statthalters Pontius Pilatus ist bekannt, daß gerade von den Römern die landesübliche Religionsausübung in der Regel akzeptiert wurde, wenn nur die Zentralmacht und die Vasallentreue gegenüber dem Kaiser in Rom nicht in Frage stand. Die Diplomatie, bei der Ausbreitung des eigenen Reiches und der eigenen Religion auf fremde Götter zu stoßen und sie quasi als Namens- und Bedeutungszwillinge der eigenen Götterwelt zu interpretieren, war damals gang und gäbe. Daß bei diesem Prozeß der Angleichung, Umbenennung, Interpretation, der Weg zu immer weniger und zu immer vergeistigteren Gottheiten beschritten wurde, war ein natürliches Ergebnis. So läßt sich also diese Tendenz zum Monotheismus als machtpolitisch oder besser: als friedenspolitisch motiviert interpretieren.

3. Der *dritte Weg*, über den sich die Tendenz zum Monotheismus verstärkte, war der Weg der *Philosophen, der Weisheitslehren und der Gesetzestexte*. Von dem griechischen Philosophen Platon stammt die früheste und umfassendste philosophische Lehre, daß alles

Existierende wie ein Symbol, wie ein Hinweis auf etwas ist, das diesem Sein zugrunde liegt, eine Idee. Im berühmten Höhlengleichnis hat es dies so beschrieben: Die Menschen leben alle in einer Höhle, in der sie das Wesen aller Dinge wie Schatten wahrnehmen, Schatten von etwas, das sie nicht sehen, das aber doch allen Schattenexistenzen als Ursache voraus ist. Von Aristoteles stammt die Reflexion, daß das Ganze mehr ist als die Summe seiner Teile, daß alles Seiende also einen Anfang seines Seins haben muß, der sich nicht in der Summe der Dinge erschöpft, die der menschliche Geist wahrzunehmen in der Lage ist.

Immer haben die Philosophen sich auf die Suche nach diesen Ursprüngen des Seins begeben, soweit man den Zeugnissen und Schriften entnehmen kann, die von ihnen überliefert sind. Wobei die Rolle dieser Philosophen zunächst in der Umgebung von Königen und Staatslenkern zu suchen ist, denen sie als Lehrer und Berater dienten.

Neu an diesem philosophischen Zugriff auf die Welt ist, daß die Denker sich überhaupt aufmachen, nach den Anfängen der Dinge, des Seins, des Denkens zu fragen. Das setzt schon einen Moment von Freiheit voraus, von Individualität. Solange ich die Welt nur auf mich wirken lasse, sie allenfalls meditierend wahrnehme, in ihr meist bewußtlos existiere, scheue ich jenen intelligenten Zugriff, der nach den Ursachen, nach dem Woher und nach dem Wohin fragt. Es muß eine Menge an intelligenter Beobachtung hinzukommen, daß ich begreife, daß sich die Dinge entwickeln, nach

70

bestimmten Ordnungen entfalten, daß sie Werden und Vergehen kennen. Es gehört eine Menge an Naturreflektion dazu, nach den Ordnungen von Tag und Nacht, nach dem Verlauf der Sonne und den Bewegungen des Mondes zu fragen, nach den Gesetzmäßigkeiten, denen die natürlichen Abläufe und auch das Menschenleben unterworfen ist.

Auch in Bezug auf die vorgefundenen Religionen fangen die Philosophen an nachzufragen, was die vielen Götter miteinander verbindet, ob den vielen eine innere Ordnung zugrunde liegt, eine erste Kraft, eine erste Schöpfungsmacht. So, wie sich in den Gesellschaften der entwickelten Religionen Hierarchien, Zentren, Staats- und Lebensordnungen herausbildeten, so entstand dasselbe in der geistigen Welt, in der Weltinterpretation. Der indirekte Gottesbeweis, der aller vorfindlichen Welt einen ursprünglichen Schöpfungsakt vorausgehen läßt, hatte etwas so Zwingendes, daß die Suche nach diesem einen Gott, diesem Ursprung von allem, diesem Urgrund des Seins, allmählich den Respekt vor der Vielfalt aller Götterwelten überwand. Dieser Eine nun, der allem vorausging, führte dann logischerweise zu der Konsequenz, daß er der Hüter und Maßstab für die geistige Welt wurde, jene Instanz, die auch über die Regeln des menschlichen Miteinanders zu bestimmen befugt war. Der eine Gott wurde auch zum moralischen Gesetzgeber, er erließ Gesetze, die den inneren Friedenszustand der Gesellschaft garantierten, wenn man sich denn daran hielt. Und je weiter der Weg der Philosophen und in ihrem Gefolge der Weisheitslehrer voranschritt, um so weniger brauchte man dafür äußere Macht und Zwangsinstrumente. Das besondere Geheimnis ethischer Regeln, eines Moral- und Gesetzeskodexes, ist es, daß die Menschen ihnen *freiwillig* folgen, weil diese Gesetze einer inneren vernünftigen Logik zu entsprechen scheinen. Sobald der eine Gott der Philosophen, Weisheitslehrer und Schriftgelehrten die Idee der allgemeinen Gerechtigkeit, des sinnvollen und friedlichen inneren Zusammenlebens der Gemeinwesen verfolgte, folgte man ihnen gern und freiwillig, mit innerer Überzeugung und Vernunft. Man konnte nur Schüler sein und sich ein Leben lang darin weiterentwickeln.

Dieses letzte Motiv, nach den tieferen Gründen des Seins zu fragen, danach zu suchen und sich darin zu schulen, gilt übrigens selbst für jene Religionen, die nicht als monotheistisch zu bezeichnen sind, für den Hinduismus und Buddhismus. Für sie gilt sogar in viel stärkerem Maße, daß sie der Vielfalt des Seins, der Abbildungen, der Schicksalsverflechtungen, des Karmas zu entgehen versuchen, indem sie das innere Sein des Menschen von diesen tausendfachen Gefangenschaften und Leidenschaften zu befreien suchen. Hier wird nicht nach dem einen Schöpfergott, der Grund und Ziel meiner Existenz ist, nicht nach dem Gott des Friedens und der Gerechtigkeit gesucht, sondern nach jenem Urgrund des Seins, nach der göttlichen Kraft und Energie, die mich aus der Vielfalt der menschlichen Verstrickungen erlöst, und sei es über eine lange Kette von Wiedergeburten und existentieller Läuterungsprozesse. Auch dieses Suchen zeigt aber in seiner inneren Konsequenz die Notwendigkeit, die Welt der vielen Götter zu verlassen, ihnen allenfalls ihren Ort als Lehrer, Heilige, Lamas, Vorbilder auf dem Weg zur Selbsterkenntnis zu belassen.

Beide Wege, die wir verkürzt und damit verzerrt als »westlichen« und »östlichen Weg« der Weisheitslehre kennen, führen zu ganz unterschiedlichen Welt- und Lebensverständnissen. Beide haben aber eines gemeinsam: Sie müssen aus innerer Notwendigkeit heraus die Welt verlassen, in der viele Götter in einem bunten, kreativen, verzaubernden Sinne die Welt bevölkert hatten. Der Weg zum Monotheismus oder zur menschlichen Selbsterkenntnis ist immer ein Weg in die größere Individualität. Das eröffnet Freiheiten, und das kostet einen Preis.

4. Der *vierte Grund*, warum die Tendenz zum Monotheismus immer mehr zunahm, ist das *zunehmende Bewußtsein der Dualität*, des tiefgreifenden Unterschiedes zwischen Gut und Böse. Auf bestimmte Weise hängt das mit der Entwicklung von Moral, Ethik, Gesetzgebung und deren freiwilliger Akzeptanz zusammen. Manche Religionen aber haben diesen tiefgreifenden Unterschied zwischen Gut und Böse zum zentralen Punkt ihres Interesses gemacht. Bei den griechischen, germanischen und bei den sogenannten Naturreligionen war Gut und Böse immer gleichzeitig da, oft vermischt in derselben Götterperson, die sich mal leidenschaftlich destruktiv, mal beglückend-segnend verhalten

konnte. In der bei den Persern zeitweise dominanten Zarathustra-Religion, für die sich später Friedrich Nietzsche so heftig interessierte, und ebenso bei den Manichäern, ist dieser Unterschied schicksalhaft, weltbestimmend. Es gibt die Macht des Bösen und des Guten, des Lichts und der Finsternis. Beide sind in einem ewigen Weltenkampf verstrickt. Daß eine solche Religion nicht aus den glücklichsten Welterfahrungen entspringen kann, liegt auf der Hand. Aber noch wichtiger ist, daß aus einer solchen Religion ein Auftrag entspringt, nämlich den Kampf des Guten zu befördern, ihn mitzukämpfen, ihm zum Sieg zu verhelfen. Was früher in jedem kultischen Akt mitgedacht wurde und mit enthalten war – zum Beispiel Aufgang und Niedergang der Sonne, Aufstieg und Niedergang des Königs, Geburt und Tod –, bekommt so eine existentielle Komponente. Gleichzeitig ist der Ernst spürbar, die Entscheidungssituation, die eine solche Aufgabenstellung von ganzen Staaten, Königtümern, Völkern abverlangt: Dem Reich des Guten muß zum endgültigen Sieg verholfen werden! Philosophisch ist an solchen dualistischen Systemen interessant, daß sie das Dunkel, das Böse, selbst aus der Suche nach der einen göttlichen positiven Kraft nicht ausklammern, die als der Grund allen Seins angenommen wird. Gerade die Faszination für diese Denkmöglichkeit ist es, die die Philosophen der Neuzeit und auch Dichter wie Dostojewskij so gefesselt haben. Das Nachdenken über die Finsternis, über das Böse und Dunkle gehört also untrennbar dazu, wenn es um die Suche nach dem einen Gott geht.

74

Der Gott Israels –
ein Gott im Kommen

Keine Religionsgeschichte ist wirkungsvoller gewesen als die des Volkes Israel. Das liegt einmal an der ungewöhnlichen Kühnheit des Vorganges selbst: Mitten in der Weltgegend, die in Bezug auf die Entstehung und Veränderung von Religionen am kreativsten war, wählt sich Gott vor circa dreitausend Jahren ein besonders kleines, unbedeutendes Volk nomadischen Ursprungs, um mit ihm eine Heilsgeschichte zu beginnen, von der die Welt noch hören wird – so wird in den heiligen Schriften berichtet. Diese Geschichte benutzt ein neues revolutionäres Medium, einen Urtext, einen Gesetzeskodex, der diesem Volk auf dem Berg Sinai von Gott persönlich durch seinen Mittler Moses vermittelt wurde und ihm damit einen Vorzug vor anderen Völkern bei der Wahrung des inneren und äußeren Friedens sichert. Und sie basiert auf einem umfangreichen Schriftenkodex, in dem die Erwählungsgeschichten der Väter, die Auslegung der Gesetze und die prophetischen Kämpfe um die richtige Interpretation dieser heilsgeschichtlichen Tradition für alle späteren Generationen aufbewahrt sind. Gesetzeskodex, die Schriften der Tora und der Propheten garantieren diesem Volk eine Heilsgeschichte selbst in Zeiten des Exils, der Diaspora und des Zerstreut-Seins über den ganzen Erdkreis. Dieser Schriftenkanon ist sogar so herausragend, daß zwei andere Weltreligionen, das Christentum und der Islam, ihn als göttliche Offenbarung interpretieren und als eigene historische Wurzel übernehmen.

Worin liegt das Geheimnis dieser einzigartigen weltgeschichtlichen Bedeutung? War es die Kodifizierung des Gesetzestextes? Schließlich gab es auch im Umkreis in weit größeren Staaten solch einen Gesetzeskanon, etwa bei den Ägyptern, Persern und im Codex Hammurabi der Babylonier. War es die schriftliche Form, die sich selbst im Exil gut bewahren ließ, diese Mischung aus Heilsgeschichte, Gesetzesauslegung, Weisheitslehre und prophetischer Vision, die eine große Chance auf ein dauerhaftes Verbleiben im Gedächtnis der Menschheit eröffnete? War es der wachsende monotheistische Anspruch, der in diesen Schriften immer deutlicher zutage trat und damit etwas völlig Neues in dem Verständnis von Gott und Welt eröffnete? War es die machtpolitische Sensation, daß sich nicht etwa eine der damaligen Großmächte, sondern ein machtpolitischer Zwerg, ein ehemaliges Nomadenvolk, das zur Zwangsarbeit genötigt wurde und wiederholt ins Exil gehen mußte, es wagen konnte, den kühnsten Gottesgedanken zu denken, den nicht einmal die Könige der großen Weltreiche offen proklamiert hatten: »Ich bin der Herr, dein Gott, du sollst keine anderen Götter haben neben mir!« ?

Das alles wird dazu beigetragen haben, diese einzigartige Wirkungsgeschichte des mosaischen Glaubens zu initiieren, der seit jener »Achsenzeit« (Karl Jaspers) bis in die heutige, globalisierte Welt nicht nur die Religionsgeschichte, sondern auch die säkulare Geschichte der Völker und Staaten entscheidend geprägt hat. Und noch eine nicht leicht zu beschreibende Besonderheit muß hinzugefügt werden: Die Texte, in denen wir von dieser ungewöhnlichen Offenbarungsgeschichte erfahren, sind von einer solchen Qualität, Spiritualität, auch Provokation, daß sie eigenartig zeitlos und modern wirken und ganz offensichtlich die Kraft hatten, jeder Generation etwas Neues und Eigenartiges für das eigene Weltverständnis zu vermitteln. Es ist also nicht nur der Zeitpunkt, es ist auch nicht nur der Raum, es ist nicht nur das Medium der Schrift, das zu dieser Bedeutung beigetragen hat, es ist auch die sprachliche, dramaturgische und spirituelle Qualität der Texte – wie immer sie zustande gekommen sein mögen.

Was ist die Geschichte, die in diesem einzigartigen Kanon erzählt wird? Sie beginnt mit dem Gott der Väter, dem Gott Abrahams, Isaaks und Jakobs. »Ein wandernder Aramäer war mein Vater.« Es ist also ein Nomadenvolk patriarchalischen Zuschnitts, das sich im vorderasiatischen Wüsten- und Steppengebiet hin und her bewegt und allerlei Gefahren bestehen muß, teils in der Auseinandersetzung mit den verschiedenen Landesbewohnern, teils in Sorge um die eigene Nachkommenschaft (fehlender Kindersegen), teils in Streitigkeiten innerhalb der Stämme (Jakob und Esau), teils im Streit um die Weidegebiete (Abraham und Lot). Dieser aramäische Stamm bewegt sich in einer Welt von anderen Stammesgöttern, hat keine eigenen festen

Heiligtümer, lehnt diese auch ab. Vermutlich hatte er zunächst nur bestimmte heilige Stätten für die toten Ahnen, zu denen er auf den Wanderungen immer wieder zurückkam. Die Gottesoffenbarungen erscheinen in Träumen, die gedeutet werden müssen, in Rauchzeichen und Feuersäulen in der Wüste und in bestimmten Naturerscheinungen auf den Bergen, wo sie regelmäßig Rast halten.

Irgendwann, verursacht vermutlich durch lange Trockenperioden und großes Viehsterben, ist dieser Volksstamm gezwungen, nach Ägypten zu ziehen, und wird dort, wie andere Völker, zu den gigantischen Arbeitsmaßnahmen der Pharaonen herangezogen und zunehmend versklavt. Der Gott der »Judäer«, wie sie dann heißen, ist immer mitgezogen; er hat ja kein festes Haus, er ist ein wandernder Gott, so wie sich sein Volk als »wanderndes Gottesvolk« versteht. Der Gott Israels oder Judas achtet aber immer eifriger darauf, daß die Mitglieder des eigenen Volkes keine fremden Götter anbeten und ihnen auch nicht opfern, was wahrscheinlich die sicherste Methode war, die eigene Volksidentität in fremder Umgebung zu bewahren. Irgendwann kommt es zum Konflikt zwischen dem unterdrückten israelitischen Volk und der ägyptischen Herrschaft, zu einer regelrechten Revolution. Der Führer der Israeliten wird Moses, eine Art Revolutionär, ähnlich dem viel später in Rom auftretenden Spartakus. Seine Herkunft ist ungewiß. Die Legende läßt ihn am Pharaonenhof von einer ägyptischen Prinzessin erziehen, nachdem er wundersam und märchenhaft in einem Weidenkorb aus dem Wasser gerettet worden war. Andere Interpreten (Jan Assmann) sagen, es handelte sich bei Moses um einen gebürtigen Ägypter, der einen innerägyptischen Religionskonflikt um den einen und einzigen Gott austrug, so wie es von Echnaton (circa 1350 v.Chr.) berichtet wurde. In dem Sinne wäre Moses ein später geistiger Schüler des Echnaton, der den Konflikt mit der ägyptischen Hauptreligion suchte und dafür eine soziale Basis in den unterdrückten Unterschichten der fremden Stämme in Ägypten fand. Auf jeden Fall wird der gelungene Exodus, die siegreiche Auseinandersetzung mit einer Weltmacht der damaligen Zeit, dem ägyptischen Pharao und seinem Heer, als einzigartiges Zeichen göttlicher Erwählung interpretiert. »Vergiß nie, Israel, daß ich dich aus dem Sklavenhaus in Ägypten befreit habe!« Der Gott dieser Offenbarung ist also ein Befreiungsgott.

Ab diesem Zeitpunkt besteht ein festes Bündnis zwischen dem Gott Israels und seinem Volk, es wird in rechtspolitischen Termini festgehalten, wie ein Besitzverhältnis, wie ein Vasallenverhältnis. Wer diesen Herrn hat, darf keinen anderen Herren mehr dienen, er ist befreit von machtpolitischer Unterwerfung unter andere Götter, aber auch unter weltliche Herrscher. Der Bundesgedanke spielt eine große Rolle in der Geschichte Israels. Er begründet den wachsenden Monotheismus, der es verbot, anderen Göttern zu dienen. Er begründet den machtpolitischen Freiheitsanspruch: »Du sollst keinen anderen Herren dienen, denn ich habe Dich aus der Knechtschaft in Ägypten befreit!«

Er begründet aber auch die innere Ordnung des Volkes durch die Offenbarung der Zehn Gebote auf dem Sinai, durch die zu ihrer Auslegung berufene Priesterkaste der Leviten und durch die ständig wiederholte Ermahnung: »Gedenke der Geschichte deiner Väter!« Später, in der Priesterschrift, wird dieser Bundesgedanke vordatiert bis hin auf die Zeit der Erschaffung der Welt, den Bund, den Gott nach der großen Sintflut mit der ganzen Menschheit geschlossen hat, mit dem festen Vorsatz, daß er diese Schöpfung nicht noch einmal wieder vernichten wird. In diesen priesterschriftlichen Texten ist fast so etwas angedeutet wie ein Monotheismus für die ganze Welt. Historisch aber sind diese Schriften aus nachexilischer Zeit.

Neu an diesem Gott ist, daß er ein *geschichtlicher*, ja fast ein *politischer* Gott ist, den die machtpolitischen Verhältnisse in Kleinasien, die sozialen Verhältnisse, Armut und Elend seines Volkes nicht kaltlassen. Der Auszug aus Ägypten ist so etwas wie eine »gottgestützte Widerstandsbewegung« (Jan Assmann). Neu an dieser Gründungslegende eines besonderen Gottesverhältnisses ist auch, daß sehr wenig idealisiert wird. Von allen großen Vätergestalten – Abraham, Isaak und Jakob – werden skandalöse Geschichten berichtet: Sie verkaufen ihre Frauen aus Feigheit an fremde Herrscher, sie betrügen ihren Bruder, sie begehen sexuelle Überschreitungen, sie verfallen in obsessive Liebesaffären, wobei sie sogar die tradierte Reihenfolge in den Regeln der Heiratsabkommen übergehen (Lea und Rahel), sie sind Raufbolde und streitsüchtig, sogar Mörder wie Moses. Gerhard von Rad, der große Alttestamentler, hat dazu immer als Zentralgedanken herausgestellt: Gott erwählt sich ein Volk, das in sich keine einzige wirkliche Voraussetzung für ein heroisches Volk hat. Die drastische Beschreibung des moralischen Versagens, der Sündhaftigkeit, des Menschlich-allzu-Menschlichen ist theologisch begründet. Gerühmt wird damit Gott allein, seine Güte, seine Gnade, seine Subjektivität, sich gerade dieses Volk auszuwählen, um seine Offenbarung der ganzen Welt bekannt zu machen. Wenn Gott ein so normales, so fehlerhaftes, so kleines und unbedeutendes Volk zum Werkzeug der Offenbarung seines Willens macht, dann kann eigentlich niemand aus dieser Segensabsicht herausfallen. Dann hat menschliche Macht und göttliche Macht nichts mehr miteinander zu tun. Dann ist die alltägliche Realität eines solchen bescheidenen Volkes nichts anderes als die Folie, auf der die Allmacht, die Güte, der verschwenderische Schöpfungswille Gottes am deutlichsten strahlt, auch in der Bedeutung für die Geschichte der gesamten Menschheit.

Immer wieder aber wird berichtet, daß das historische Volk Israel diese verschwenderische Zuwendung Gottes nicht richtig zu schätzen weiß. In Notzeiten, in der Wüste, beginnen sie zu rebellieren; ununterbrochen sind sie am Klagen und Nörgeln, und es braucht eine ganze Menge von neuen Wundern, um sie wieder bei der Stange zu halten. Gerade in dem heilsgeschichtlichen Kairos, als Moses auf dem Berg

Horeb die Gesetzestafeln empfängt, beginnen sie am Fuß des Berges eine orgiastische Feier um das goldene Kalb, vermutlich den sexualisierten Gott Babylons. Sie rebellieren permanent gegen ihre religiösen und politischen Führer, sie ermatten und murren schnell, wenn es mit der versprochenen Landnahme eines fernen Landes, »in dem Milch und Honig fließt«, nicht sofort klappt.

Dennoch wird das Verhältnis Gottes zu diesem Volk fast wie ein Ehebündnis geschildert. Jahve herrscht über dieses Volk nicht wie ein ägyptischer Despot in ferner Majestät und himmlischer Größe, er trauert um sein Volk, er ist eifersüchtig, wenn es anderen Göttern dient, er straft es und überschüttet es mit unverdienten Liebenswürdigkeiten. Das alles wird mit patriarchalischer Opulenz, mit Lebensnähe, Witz und Humor, mit der Freude am Geschichtenerzählen und am großen Palaver berichtet. Dieser Gott ist auch einmalig parteiisch: Daß da andere Völker mit ihren eigenen ehrwürdigen Göttern existieren, interessiert ihn nur wenig. Daß das Land, das er den Israeliten verspricht, anderen gehört oder doch zumindest auch anderen nomadischen Stämmen zur Verfügung stehen müßte, ist nicht von Interesse. Gerecht ist das, was dem eigenen Volke dient. Das war bei jedem Volk und jeder Sippe damals der Geist der Zeit und die Melodie, in der sie ihre eigene Gründungslegende besangen. Eine höhere Weltgerechtigkeit war noch nicht in Sicht, die frühe Phase des Monotheismus ist voll von »heiligen Rücksichtslosigkeiten« (Peter Sloterdijk).

Interessant ist, in welcher Weise sich dieser Gott offenbart. Das ist wunderbar beschrieben im Buch der Könige:

> »Der Herr sprach: Gehe heraus und tritt hin auf den Berg vor den Herrn! Und siehe, der Herr wird vorübergehen. Und ein großer starker Wind, der die Berge zerriß und die Felsen zerbrach, kam vor dem Herrn her; der Herr aber war nicht im Winde. Nach dem Wind aber kam ein Erdbeben; aber der Herr war nicht im Erdbeben. Und nach dem Erdbeben kam ein Feuer; aber der Herr war nicht im Feuer. Und nach dem Feuer kam ein stilles sanftes Sausen.
>
> Als das Elia hörte, verhüllte er sein Antlitz mit seinem Mantel und ging hinaus und trat in den Eingang der Höhle. Und siehe, da kam eine Stimme zu ihm und sprach ...« (1 Kön 19, 11-13).

An anderer Stelle wird von Moses berichtet, daß er seine erste Gotteserscheinung an einem Berg hatte, an dem er einen brennenden Dornbusch sah, der aber trotz des Feuers nicht verbrannte. Auch hier hörte er eine Stimme, die ihm sagt: »Tritt nicht näher, ziehe deine Schuhe von deinen Füßen; denn der Ort, darauf du stehest, ist heiliges Land!« (Ex 3, 5)

Diese Stellen lehren uns einiges über das religionsgeschichtlich neue Motiv des *Kommens Gottes* in den ältesten alttestamentlichen Traditionen. Alle Götter, von denen wir bisher gesprochen hatten – die Götter der Naturheiligtümer, die Götter der Städte, die in Tempeln wohnen, die Götter, die die Totenstätten hüten, ja selbst die Götter in den großen Erzählungen –, waren eigentlich immer da, sie waren anwesend an heiligen Orten und heiligen Bezirken, dort konnte man ihnen opfern und dort konnte man mit ihnen in Kontakt treten. Sie hatten ja ihre speziellen Merkmale, an denen sie zu identifizieren waren. Und selbst die beweglicheren Götter des germanischen und griechischen Götterhimmels wohnten eigentlich in ihrem eigenen Bezirk, im Olymp oder in Walhalla, um dann der Menschenwelt gelegentliche verwirrende Besuche abzustatten. Der Gott aber der ältesten israelitischen Tradition ist ein Gott, der kommt. Er ist ein Gott der plötzlichen Erscheinung, der Überraschung, ein Gott der Offenbarung, der normalerweise den Menschen nicht zur Verfügung steht. Er ist der Souverän, er wählt willkürlich den aus, für den er sich offenbart, seinen Sprecher, den Führer des Volkes, seine Propheten. Er wählt auch die Form seiner Offenbarung aus. Es ist nicht der große Sturm, das Gewitter, es ist nicht das Erdbeben, es ist nicht das Feuer. Das alles sind überwundene Naturbilder von Gottes Offenbarung, die in unseren beiden Erzählungen nur als überholte Erscheinungen noch erwähnt werden. Die eigentliche Offenbarung ist sein Wort, die Berufung, aus dem Nichts und ohne Voraussetzung, die denjenigen, der seine Stimme hört, in der Regel erschrecken und verzagen läßt. Das plötzliche Kommen ist für ihn von zentraler Bedeutung.

Auf den langen Wüstenwanderungen, die nach mosaischer Tradition die heilige Zeitspanne von 40 Jahren umfaßten, begleitet er sein Volk mit einer Rauchsäule bei Tag und einer Feuersäule bei Nacht (Num 9, 15 ff.). Das Volk sieht ihn nie, es erfährt ihn nur durch die Wunder, die Er tut, die Quellen, die Er erschließt, die Wachteln und das Manna, das Er schickt. Sprechen tut Er nur zu Moses, der nicht selten zwischen dem murrenden Volk und dem eifersüchtigen Bündnisgott vermitteln muß.

Trotzdem: Wenn auch die volle Offenbarung, in der Gott seinen Willen kundtut, als ein seltenes, unberechenbares und umwerfendes Spracherlebnis geschildert wird, so begleitet der wandernde Gott doch sein wanderndes Gottesvolk. Die Bundeslade, das Dokument seiner Gesetze und seines Willens, wandert in einem eigenen Zelt mit. Jahves wichtigstes Offenbarungsdokument hat keinen festen Ort, sondern ist symbolisiert als mitwandernder Segen für ein nomadisches Volk. So wandert die Bundeslade auch mit ein in das Land, das von diesem Gott versprochen wurde, das Land, in dem Milch und Honig fließt, das Land, das den von langen Wanderungen und Sklavereien ermüdeten Israeliten Seßhaftigkeit, Wohlstand und eine riesige Nachkommenschaft verspricht.

Einer der interessantesten Konflikte um das Gottesverständnis Jahves betrifft die Pläne des Königs David, aus dem mitwandernden Zelt der Bundeslade einen festen Tempel zu machen. In den Augen der alten Religion und ihrer Propheten Samuel und Nathan war dies eine Sünde, ein Verstoß nicht nur gegen den Willen Gottes, der nicht in Tempeln wohnt, sondern gegen sein eigentliches Wesen, das Sprache ist (2 Sam 7, 5-7). Ein Gott der Visionäre, ein Gott, der kommt, ein Gott der Offenbarungen wohnt nicht in festen Tempeln! Die Reduzierung des Gottes der Offenbarung zu einem Staatsgott mit festem Tempelsitz, wie ihn alle umliegenden Völker haben, erscheint als Verstoß gegen eines der ersten Gebote Jahves: »Du sollst dir kein Bildnis machen.« Die Besonderheit der Offenbarung steht auf dem Spiel, Israel scheint sich den anderen Völkern anzugleichen, indem es seinen Gott auch zu einem Staatsgott, einem nationalen Schutzgott, einem Machtgott macht.

Ein zweiter Konflikt ist erwähnenswert: Bisher waren die Könige Israels durch die Propheten berufen und gesalbt worden, es gab kein erbliches Königtum. So wird in der ergreifenden Tragödie des Königs Saul geschildert, wie dieser von Gott aus nichtigen Gründen verworfen wird, wie er sein Königsamt sehenden Auges an einen jungen begabten Emporkömmling an seinem Hofe, den Kriegshelden, Saitenspieler und Draufgänger David abgeben muß, während seine eigenen Söhne dem Untergang geweiht sind. Es ist also nicht nur eine tiefgreifende Veränderung im innersten Wesen dieses Gottes, wenn man ihm ein festes Haus, einen festen Altar und einen festen Stammsitz gibt. Es scheint auch gegen seinen Willen zu sein, nicht mehr frei durch seine wortgewaltigen Propheten sich die Führer seines Volkes erwählen zu können, sondern mit den Söhnen Davids eine Art ewiger Königsdynastie installieren zu sollen. Der Gott, der nach eigenem Willen kam, berief, sich offenbarte, wird so geradezu domestiziert. Genau über diese Frage entbrennt eine tiefgreifende theologische Auseinandersetzung zwischen der Tradition der alten Propheten und den neuen Hoffunktionären des israelitischen Königshauses. Dieser Streit wird genau zu dem Zeitpunkt ausgetragen, als das Großreich Davids die größte machtpolitische Ausdehnung erfuhr.

Erst im Babylonischen Exil (circa 550 v.Chr.), als das Nordreich schon erloschen und die Führungsschicht des Südreiches bereits außer Landes exportiert war, werden die alten Traditionen der Propheten wiederdeckt, die den Gott der Offenbarung, den Gott, der kommt, wann er will, den Gott, der erwählt, wen er für geeignet hält, wieder ins Recht setzen. In dieser Zeit festigt sich erneut die Interpretation, daß es ein Verstoß gegen den Willen Gottes ist, einen festen Tempel zu bauen. Gott selbst, so heißt es kühn, hat diesen Tempel zerstört, nicht eine ausländische Macht. Aus dieser verschärften Machtkritik entstehen die ersten apokalyptischen Visionen, daß eines Tages Gott selbst wiederkommen wird zum Gericht und zur Zerstörung (Jes 24-27), aber auch, um ein ewiges Reich aufzubauen, das von einem Volk bewohnt wird, das diesem Gott wirklich treu ist (Jes 2, 2-3). Und von einem Messias ist zunehmend die Rede, der kommen wird, zwar ein »Sohn Davids«, aber nicht ein Erbe weltlicher Macht, sondern ein letzter Bote des *Kommenden Gottes* für sein Volk. Mit diesen Visionen aus dem Exil und aus der Epoche des Niedergangs verbinden sich dann auch erste Andeutungen, daß dieses zukünftige Reich von einer Bedeutung für alle Völker sein wird und die engen Grenzen eines historischen Volkes und einer Nation weit hinter sich lassen wird.

Wichtig ist also, daß dieser *Kommende Gott* einer ist, der in alten Traditionen und Bündnissen begründet und vorhergesagt war, der aber eine starke machtkritische Funktion hat. Der *Kommende Gott* verbindet sich nicht mit etablierten Herrschaftsformen, nicht mit dem Nationalstaat Israel, nicht mit dem Königtum, nicht mit dem Staatsheiligtum, nicht mit den Staatsfunktionären. Er ist nicht in Statuen darstellbar; er ist nicht identisch mit großen Naturereignissen und Katastrophen; er ist nicht bezwingbar durch rituelle Magie. Er kommt, wann er will; er kommt, wenn sein Volk in Not ist; er greift ein, wenn sein Volk seine Gesetze und Bündnisse nicht einhält; er redet durch Mittler, die er selbst frei beruft. Das hauptsächliche Medium seines Kommens ist das Wort. Das alles wird bedeutsam sein für die monotheistischen Religionen, die sich auf diese Charakteristika des *Kommenden Gottes*, des Gottes der Offenbarung, berufen: das Christentum und der Islam.

Der Gott der Christen –
der Gott, der angekommen ist

Der historische Jesus war kein Christ, er war Jude. Die frühesten Aufzeichnungen, die wir von ihm haben, sind dreißig bis fünfzig Jahre nach seinem Tod aufgeschrieben worden. Da war das katastrophalste Ereignis für die Juden seiner Zeit, die Zerstörung des Jerusalemer Tempels, schon eingetreten. Die ersten uns überlieferten Aufzeichnungen, insbesondere das Markus-Evangelium, setzen den Glauben an die besondere, einzigartige Bedeutung dieses historischen Jesus schon voraus. Sie unterliegen also schon einer theologischen, christologischen Interpretation. Und dennoch läßt sich auch aus diesen frühen Evangelientexten ein Nachhall dessen vernehmen, wie das Gottesverständnis des historischen Jesus und seiner Jünger zu seinen Lebzeiten einmal war.

Jesus lebte in einer unruhigen, fiebrigen Zeit. Das Land war von den Römern besetzt; der judäische König Herodes war ein Vasall Roms und unterstand der Oberhoheit des römischen Statthalters, der zur Zeit der Kreuzigung Jesu Pilatus hieß. Die Hof- und Tempeltheologen waren in verschiedene Fraktionen zerspalten. Daneben gab es im Land eine ganze Menge unterschiedlicher, religiöser Bewegungen, die die baldige Ankunft eines Messias prophezeiten. Johannes der Täufer war einer von ihnen und hatte offensichtlich einen großen Einfluß auf die religiöse Berufung und Entwicklung des Jesus von Nazareth. Die religiösen Unruhen mischten sich mit den sozialen Problemen, dazu kam eine anwachsende Schar von diskriminierten Gruppen und Berufen, die von der Jerusalemer Oberschicht ausgegrenzt wurden. Die Erzählungen von Jesus nennen hier u.a. die Samariter, die Zöllner, die Geldwechsler und Prostituierten.

Jesus ist kein Revolutionär, aber er radikalisiert das jüdische Gottes- und Gesetzesverständnis in aufsehenerregender Weise. Außerdem muß er eine außerordentliche charismatische Ausstrahlung gehabt haben und ein faszinierender Gleichnis- und Geschichtenerzähler gewesen sein. Er predigt einen konsequenten Pazifismus, er stellt das Evangelium für die Armen und die Feindesliebe in das Zentrum seiner Botschaft. Von ihm wird gesagt, daß er Wunder vollbringt, Kranke heilt, ja sogar Tote auferweckt. Die berühmte Bergpredigt enthält die Essenz seiner Botschaft: Das Reich Gottes ist nah herbeigekommen, deswegen werden alle aufgerufen, ihr Alltagsleben zu verlassen, den besonderen Moment zu begreifen, zu glauben, daß das Reich der Himmel schon angebrochen ist. In diesem Himmelreich werden die normalen Verhältnisse umgekehrt. Die Letzten werden die Ersten sein, die Niedrigen werden erhöht werden, die Armen werden die ersten Bürger im Reiche Gottes sein. Für die Reichen, die Hochmütigen, für diejenigen, die sich sicher fühlen, wird es schwer sein, in das Gottesreich zu kommen.

Jesus sammelte Jünger um sich, Männer und Frauen, vermutlich eine viel größere Gruppe, als die rituelle und heilige Zahl »Zwölf«, die schon der späteren Tradition der christlichen Gemeindebildung und ihrer Autoritäten entspringt.

Von elementarer Bedeutung für das Entstehen des Christentums ist der Kreuzestod des historischen Jesus. Er wird als ein politischer Aufrührer angeklagt, was er ganz offensichtlich nicht war. Denn der historische Jesus zielte nicht auf einen politischen Umsturz, sondern auf ein radikales Gottesverständnis im Sinne einer konsequenten Parteinahme für die Armen. Bei seiner Verhaftung spielten sicher die Priesterschaft und die Schriftgelehrten des Jerusalemer Tempelbezirks eine Rolle – so wie das schon aus den Konflikten mit den Propheten des Alten Testamentes bekannt war, bei denen es auch immer um wahre oder falsche Prophetie, wahre oder falsche Schriftauslegung ging. Aber für die Evangelien viel entscheidender ist, daß Jesus von der eigenen Jüngerschar fast ausnahmslos verlassen oder verraten wird. Im Zentrum der gesamten christlichen Botschaft steht die Erkenntnis, daß der sanftmütigste, der unschuldigste, der wehrloseste Bote des herankommenden Gottesreiches ausgerechnet von den eigenen Leuten verraten und mit Zustimmung des ganzen Volkes gekreuzigt wurde. Erst später – und dafür steht die Botschaft von der Auferstehung und die verschiedenen Erscheinungen des Auferstandenen – hat diese Jüngerschaft begriffen, daß sie damit ausgerechnet den gekreuzigt hatten, den sie von da ab den Menschen- und Gottessohn, den »Christus« nennen würden.

Was haben die ersten Christengemeinden in ihren Interpretationen des historischen Jesus und seiner Botschaft dem Gottesverständnis der mosaischen Tradition hinzugefügt? Zum ersten haben sie alle prophetischen Weissagungen, die das zukünftige Gottesreich und die Wiederkehr Gottes betrafen, auf das Erscheinen von Jesus von Nazareth bezogen. Damit wurde klargemacht: Gott ist ein für allemal in seinem Sohn in diese Welt gekommen, mehr Gottesherrschaft wird es nicht geben, mehr Offenbarung braucht es nicht mehr; alles, was es von Gott zu wissen gibt, ist im Leben und Sterben dieses Menschensohns gesagt.

Als Kernpunkt der neuen Offenbarung gilt, daß sie sich an die Armen und Benachteiligten wendet, daß sie die Feindesliebe und die Gewaltfreiheit als Zentrum der Gottesgebote festschreibt und daß sie die Gottesherrschaft vollständig vom Tempel und weltlicher Machtausübung loslöst. (Als Jesus stirbt, zerreißt der Vorhang im Tempel und damit die Trennung zwischen der Sakralsphäre und dem Raum für das gemeine Volk.)

Die Aussage der mosaischen Tradition, daß das Volk Gottes seiner eigentlich nicht würdig ist und nur durch den freien Willen Gottes seine Offenbarungen empfängt, wird in Bezug auf die Gewaltfrage noch verschärft. Es ist das eigene Volk, ja sogar der engste Freundeskreis, der den Gottessohn mit ermordet. Das dramatisiert die Schuldfrage ins Unendliche. War in der mosaischen Tradition Gott selbst immer dem fehlerhaften Volk zu Hilfe geeilt, so wird in der Interpretation des Kreuzestodes Jesu ein Gottesgedanke formuliert, den es bis dahin nicht gegeben hatte: Gott wird selbst zum Opfer, um die Idee seiner eigenen Gerechtigkeit zu erfüllen. Die Offenbarung dieser neuen Gerechtigkeit in Jesus Christus heißt: »Ihr seid erlöst, wenn ihr an Ihn glaubt, auch von der Gewalt, deren Urheber ihr selbst seid.«

An die Stelle des Opfers in den anderen Religionen, das die Wiederversöhnung der Gemeinschaft mit der gekränkten Gottheit zum Inhalt hatte, tritt im Christentum das Abendmahl. Das Abendmahl mit den Elementen Brot und Wein ist einerseits eine Erinnerung an die weltlich-irdische Gemeinschaft, die es einmal mit dem historischen Jesus von Nazareth gegeben hatte, bedeutet aber viel stärker noch eine mystische Verdichtung des Appells: Erinnert euch, indem ihr real trinkt und eßt, an die Gewalt, an den Blutrausch, den ihr selbst ausgeübt habt, indem ihr euren Religionsstifter verraten und ermordet habt. Nur wenn ihr euch dieser Tat erinnert, werdet ihr die eigene immer latent vorhandene Gewaltbereitschaft brechen! So sind in den Einsetzungsworten, die bei jedem Abendmahl zitiert werden, der Bezug zu der historischen »Nacht, da er verraten ward« und zu dem realen »Blut« das geflossen ist, unauslöschbar. Deswegen ist das Abendmahl die rituelle Wiederholung des Kreuzestodes Jesu zum Zwecke, die darin offenbarte Gewalt, den Verrat, die Rachegefühle und die Sündenbock-

Jagden, zu denen alle Gemeinschaften neigen, auf Dauer zu beenden. Denn im Gottesreich wird nicht mehr gemordet, nicht mehr verraten, selbst wenn der Zorn noch so blind macht, die Angst noch so groß ist und die moralische Mission noch so zwingend Sündenböcke zum Opfer anbietet.

Die ersten Christengemeinschaften entstanden in der Nähe des Wirkungskreises und des Todesortes von Jesus von Nazareth. Die Jünger und Frauen, die ihn gekannt hatten und seine Worte tradierten, spielten darin eine besondere Rolle als glaubwürdige Zeugen, hatten aber kaum Herrschaftsfunktionen. Die Gemeinden warteten auf eine baldige Wiederkunft Jesu, der einigen ja bereits in Träumen erschienen war. Erst als die baldige Realisierung dieses radikal anderen Gottesreiches auf sich warten ließ, schrieb man die Texte und Erinnerungen auf.

Es ist eine strategische Meisterleistung des Apostels Paulus, der den historischen Jesus zwar nicht mehr gekannt, aber doch sein eigenes Offenbarungserlebnis hatte, daß er in dem Moment, wo sich die Wiederkehr des »Christus« verzögerte, das Konzept der Weltbedeutung dieser neuen Botschaft der Christen entwickelte. Paulus war Jude, aber zugleich römischer Bürger. Die Missionsreisen, die er alsbald mit großer Eile und manchmal von seiner Mission geradezu besessen unternimmt, umfassen die gesamte, damals bekannte Welt. Der Mittelmeerraum verstand sich als Zentrum des Universums, als Reich der Mitte. Damit sprengt Paulus, durchaus im Streit mit den Jerusalemer Christen, die letzten Bindungen an die Exklusivität der mosaischen Gottesoffenbarung, die nur einem einzelnen Volk galt. Die durch den auferstandenen Christus geschehene endgültige Gottesoffenbarung gilt nun dem ganzen Erdkreis, urbi et orbi. Damit zielt sie auch besonders auf das Zentrum der damaligen Welt, die Weltmacht und Weltstadt Rom. Zum ersten Mal entsteht hier bei Paulus der Gedanke, daß sich ein Monotheismus durch Verbindung mit einer Weltmacht zu einer Imperiumsreligion entwickeln läßt. Da das in der Metropole Rom, die bis dahin von religiöser Toleranz und Kaiserkult geprägt war, nicht ganz unumstritten bleiben konnte, wurden Paulus und Petrus beide in Rom hingerichtet. Ihnen folgten in den nächsten Jahrhunderten eine unübersehbare Zahl von christlichen Märtyrern. Christ werden hieß bald: früh zu sterben, meistens als Märtyrer in den öffentlichen Schaukämpfen der blutigen Arenen. In dieser Zeit der Unterdrückung aber entsteht – meist unter hellenistischem Einfluß – ein großer Teil der Theologie der Kirchenväter: die Christologie, die Trinitätslehre, das Glaubensbekenntnis, die Festlegung des neutestamentlichen Kanons und nicht zuletzt die Idee des Papsttums als Spitze einer anfangs eher schwachen Kirchenhierarchie.

Es brauchte einige Jahrhunderte und auch den zunehmenden Abscheu vor öffentlichen blutigen Opferungen, bis aus dem Christentum als Religion der armen römischen Unterschicht und der Märtyrer wirklich die Imperiumsreligion wurde, der auch die Familie des

Imperators Konstantin beitreten konnte. Seit dem
4. Jahrhundert strebten die Päpste, die sich ausgerechnet auf den juden-christlichen Apostel Petrus beriefen,
den Bau einer Weltkirche an, die nicht nur dem römischen Imperium untergeordnet und nützlich sein
sollte, sondern in der Folgezeit immer wieder darum
stritt, wem der erste Platz gebührt: dem Papst oder
dem Kaiser. Es gab bald weniger Märtyrer als geniale
Machtstrategen unter den römischen Päpsten, die der
Idee der Verbindung von Thron und Altar selbst dann
viel abzugewinnen verstanden, als das alte römische
Imperium von den nördlichen Völkern überrannt
wurde und seine Macht verfiel. Es entstand die Idee
des Heiligen Römischen Reiches, egal welcher Nation.
Es gab Päpste, die bessere Feldherren waren als
fromme Prediger. Kaiser wurden inthronisiert, abge-
setzt und gebannt. Es dauerte fast tausend Jahre, bis
sich infolge der italienischen Renaissance und der mit-
teleuropäischen Aufklärung die weltliche Macht Stück
für Stück aus der Bevormundung der geistlichen Macht
löste. Viel machtpolitische Genialität hatte sich da im
Schoß der prunkvollen Weltkirche gesammelt, die
theologische Essenz dieser tausend Jahre ist dagegen
relativ mager. Der historische Jesus, der das Evangelium der Armen, die Gewaltfreiheit und die Feindesliebe gepredigt hatte, war hinter dem pharaonenhaf-
ten, goldstrotzenden Prunk der machtvollen Weltkirche
Rom fast unsichtbar geworden.

Neu bei dieser Imperiumsreligion war auch, daß
sie eine gezielte Missionierung der sogenannten »Hei-

den« betrieb. Hatte das römische Imperium sich nach vielen militärischen Rückschlägen noch mit einem Limes vor weiteren Expansionen selbst begrenzt, so gelangten die christlichen Missionare weit darüber hinaus. Sie christianisierten die Franken, die Goten, die Kelten, England, Irland und später auch die slawischen Völker. Die Missionare, Orden, Priester brachten zwar die Botschaft des gewaltfreien Jesus, des Gottesreiches, das vor allem den Armen gilt; aber die Herrschaft, die auf dieser Botschaft beruhte, war meist alles andere als gewaltfrei.

Spricht das gegen die Botschaft? Es spricht zunächst einmal, wie im alten Ägypten, wie im Königreich Davids dagegen, weltliche und geistige Macht miteinander zu verbinden, Thron und Altar, Religion und Politik. Gott wohnt nicht in Palästen. Auch nicht, wenn diese Paläste nach dem Apostel Petrus benannt sind, dem einstmals so wankelmütigen Jünger des historischen Jesus von Nazareth.

Der Gott des Islam –
Allah ist groß

Die dritte monotheistische Weltreligion, die ihr Entstehen einer göttlichen Offenbarung zuschreibt, ist der Islam. Mit über einer Milliarde Gläubigen ist er nach dem Christentum heute die größte Religionsgemeinschaft der Welt und erstreckt sich von Marokko, der Westsahara, Mauretanien und dem Senegal im Westen über die gesamte nördliche Hälfte Afrikas, die Arabische Halbinsel, die Zentralasiatischen Staaten bis hin nach Kasachstan und Westchina über ein großes zusammenhängendes Gebiet, zu dem noch große Teile von Indonesien, Malaysia, Philippinen und ein Teil des bevölkerungsreichen indischen Subkontinents, insbesondere Pakistan und Bangladesh, hinzukommen.

Der Islam hat keine zentrale Leitung wie das Christentum im Vatikan, im russisch-orthodoxen Patriarchen oder in dem protestantischen ökumenischen Weltkirchenrat. Schon deswegen, aber auch aufgrund der vielen Kontinente, Kulturen und unterschiedlichen Traditionen, unterliegt er in den einzelnen Ländern und Regionen ganz verschiedenen Ausprägungen. In Bezug auf seine beiden Vorgänger, das Juden- und Christentum, versteht sich der Islam als Nachfolger, der das Wesentliche aus den beiden Traditionen aufnimmt, aber vermeintliche Fehlentwicklungen und Mißinterpretationen im Gottesbild aufhebt durch die Offenbarung, die dem Propheten Mohammed in Medina zuteil wurde. Die großen Gestalten des Judentums gelten ihm als verehrenswürdige Propheten, insbesondere Abraham hat als der Begründer des abrahamitischen Glaubens einen hohen Rang und hohe Bedeutung. Aber auch Jesus wird als Prophet gewürdigt. Der Islam lehnt allerdings die christologische Interpretation von Jesus als Gottes Sohn ab. Die Trinitätslehre der frühen Kirchenväter und Päpste erscheint ihm als Abfall von dem strengen Monotheismus, dem sich der Islam besonders verpflichtet weiß. Auch die christliche Verehrung von herausgehobenen Personen wie der Gottesmutter Maria und der ganzen Schar der Heiligen, die dem Christentum bei seiner Ausbreitung sehr geholfen hat und dem Alltagsglauben vieler Menschen entgegenkam, erscheint dem strenggläubigen Moslem als Rückfall in die Vielgötterei. Das Gottesbild des Islam ist geprägt von patriarchalischen Traditionen unter starker Betonung der Allmacht, der Gerechtigkeit, der Barmherzigkeit und der Einzigartigkeit Gottes, so wie ihn abschließend der Prophet Mohammed erkannt hat. Durch diese monotheistische Strenge strebt der Islam eine Versöhnung von Glaube und Vernunft im Gottesbild an.

Die Offenbarung des Korans begann im Jahre 610 an Mohammed, der im Jahre 570 in Mekka geboren wurde, und ging »wortgetreu« an ihn bis zu seinem Tode im Jahre 632 in Medina. Während das Judentum die Befreiungs- und Heilsgeschichte betont und das Christentum die Friedensbotschaft und den stellvertretenden Opfertod Jesu Christi, baut der Islam im strengsten Sinn ausschließlich auf das Medium der Schrift als einzigartige Offenbarung, die in sich abgeschlossen ist und nicht verfälscht werden darf. Diese Schrift ist Ordnungsprinzip eines Lebens nach dem Willen Allahs.

Streng orientiert an der Schrift als einzigem Offenbarungsträger beruht das Leben der Gläubigen auf den »Fünf Säulen«

- *dem Glaubensbekenntnis* »Ich bekenne, daß es keinen Gott gibt außer Allah und daß Mohammed sein Prophet ist«,
- der *Pilgerfahrt nach Mekka*, an der alle Muslime, Männer wie Frauen, nach Möglichkeit einmal in ihrem Leben teilgenommen haben sollten. Hier, am Ort der Kaaba, gedenken die Moslems der koranischen Offenbarung und wiederholen die Abschiedswallfahrt gen Mekka, die der Prophet Mohammed noch kurz vor seinem Tod im Jahre 632 unternommen hat. Am zehnten Tag des Monats Dhô Al-Hijja erinnern sich die Pilger bei der Umrundung der Kaaba, eines schwarzen Kubus im Hof der großen Moschee von Mekka, der Tatsache, daß Abraham einmal bereit war, auf das Geheiß Gottes seinen eigenen Sohn zu opfern, jedoch davon – wiederum auf dessen Befehl – befreit wurde. Der Gedanke des Sühneopfers, von dem nur Gott selbst befreien kann – dieses Mal aber nicht dadurch, daß er seinen Sohn schickt, sondern dadurch, daß er auf das Sohnesopfer verzichtet und dafür den Koran als Offen-

barung seinem Propheten mitteilt –, spielt also auch im Islam eine Rolle.

- *dem Gebet.* Die Moslems müssen sich fünf Mal am Tag in Richtung der Kaaba zum Gebet wenden, dazu sind bestimmte rituelle Reinigungen, Gebetsabläufe und Gebetszeiten vorgeschrieben. Dieses Gebet stellt das ganze Alltagsleben unter die göttliche Ordnung.

- *dem Fasten.* Den Fastenmonat Ramadan halten die Moslems ein in Erinnerung daran, daß in der Fastenzeit Mohammed die erste Offenbarung zuteil wurde.

- *der Barmherzigkeit.* Mildtätigkeit ist allen Moslems moralisch geboten und gilt als fünfte Säule der islamischen Alltagspraxis. Gerade in dieser Verpflichtung wird die große Bedeutung des sozialen Zusammenlebens für alle Moslems deutlich, in dessen Zentrum auch der hohe Respekt vor den Traditionen der Großfamilie steht. Ähnlich wie in den ersten urchristlichen Gemeinden sind im Islam die Reichen aufgefordert, ärmere Mitglieder der Gemeinschaft mit Spenden zu unterstützen. Der Islam kennt dazu ein hochentwickeltes Stiftungswesen, das die Aufgabe hat, Gemeinden in der Diaspora zu gründen, Moscheen zu bauen, Wohlfahrtseinrichtungen, Armenküchen und Krankenhäuser einzurichten.

Die Stellung der Frauen ist weniger detailliert im Koran beschrieben, als oft behauptet wird. Sie entspricht im Familien- und Erbrecht weitgehend den strengen patriarchalisch-hierarchischen Ordnungen in traditionellen nomadischen Sippenkulturen, die die Frauen und Töchter gänzlich der männlichen Autorität unterstellen und dem Familienbesitz zurechnen. Innerhalb dieses Familienverbands wird ihnen Respekt und sozialer Schutz zugesagt, auch Bildung und Teilhabe an gehobenen Positionen. Aber außerhalb dieser sozialen Hülle sind sie schutzlos und ihnen droht gesellschaftliche Ächtung und Diskriminierung. Ihre Emanzipation hat unter dem Einfluß der Säkularisierung – von vielen Rückschlägen begleitet – gerade erst begonnen. Gegen diese moderne Emanzipation der Frauen richtet sich exemplarisch die Aggression und der fanatische Wahn islamistischer Ideologen. Wie die Beispiele Algerien und Marokko gezeigt haben, wird vermutlich auch die Reform des Islam vor allem von den engagierten Frauen und ihrem Einfluß auf Männer und Söhne ausgehen. Die zweite Wurzel einer notwendigen Reform aber werden die kulturellen und nationalen Besonderheiten sein, die sich einer gleichgeschalteten islamistischen Zentralideologie widersetzen.

Da die Offenbarung an Mohammed als endgültig gilt und der Islam sich selbst als «gereinigten» Glauben versteht, enthält er einen starken missionarischen Impuls. Spiritueller Sprecher und militärischer Chef waren dabei oft ein und dieselbe Person. Solange die islamischen Gesellschaften von Erfolg zu Erfolg schritten, wie in den ersten tausend Jahren ihrer Ausbreitung, geschah dies in der Regel aus dem unerschütterlichen Selbstbewußtsein religiöser und kultureller Überlegenheit. Der Islam öffnete sich für das Gedankengut griechischer und römischer Philosophen. In der Auseinandersetzung mit dem Christentum der Kreuzzüge war er nicht nur oft militärisch und politisch überlegen, sondern hob sich auch durch wissenschaftliche Neugier, kulturelle Vielfalt und religiöse Toleranz ab. In diesen Jahrhunderten, in denen das Christentum immer wieder zu fundamentalistischer Radikalität neigte, garantierte der Islam, gerade in seiner spanischen Repräsentanz, ein hohes Bildungswesen und sorgte für die Überlieferung der edelsten Philosophen und Kirchenväter der frühen christlichen Jahrhunderte. Die Juden lebten in den Gemeinden einigermaßen akzeptiert, Pogrome gegen jüdische Gemeinden gab es in islamischen Gesellschaften nicht. Allerdings hatten weder Juden noch Christen die gleichen Bürgerrechte und Steuerfreiheiten wie die Gläubigen der eigenen Religion.

Das Bilderverbot aus der mosaischen Tradition: »Du sollst dir kein Bildnis von Gott machen und du sollst keinen Götterbildern dienen«, wird im Islam radikalisiert. Aber auch dieses strikte Bilderverbot wurde in den vielfältigsten indischen, iranischen und persischen Miniaturmalereien außer Kraft gesetzt. In Bezug auf die Kirchenbauten ersetzten kühnste Konstruktionen von Moscheen und Minaretten, die raffiniertesten architektonischen Details und eine üppige Ornamentik jeglichen ästhetischen Puritanismus. In Bezug auf die Wissenschaften, die Astrologie, die Medizin, die Kalligraphie waren islamische Gelehrte jahrhundertelang führend.

Dennoch gibt es schon in den ersten Jahrzehnten des Propheten und insbesondere unter den Prophetennachfolgern eine düstere militärische Komponente in der Durchsetzung und Ausbreitung des neuen Glaubens. Auch hier, ähnlich wie unter den Päpsten der ersten Jahrhunderte, kam es zu einem Versuch, weltliche Macht und religiöses Leitungsamt miteinander zu verbinden, ja in weltliche Erbfolge ganzer Familiendynastien zu überführen. Als Mohammed zehn Jahre nach seiner Auswanderung von Mekka nach Medina im Jahre 632 stirbt, hatten die meisten arabischen Stämme den neuen Glauben bereits angenommen. Bis 656 waren die Muslime nach ihren Siegen über die Reiche der Sassaniden und Byzantiner nach Palästina und Syrien, in das Zweistromland, große Teile Persiens sowie nach Ägypten und bis in die Cyrenaika vorgedrungen – alles in allem ein »politisch-militärisches Wunder der Menschheitsgeschichte« (Peter Sloterdijk). Den vierten Kalifen aber, Mohammeds Schwiegersohn Ali (verheiratet mit der berühmten Prophetentochter Fatima und ermordet im Jahre 681), hatten die Omaiyaden, eine einflußreiche, mit dem Propheten verwandte mekkanische Familie, die Macht streitig gemacht. Aus diesem brutalen Bruderkrieg mit einer gewaltigen Zahl von Märtyrern und blutigen Opfern entstand die Glaubensrichtung der Schiiten. Sie proklamierten, daß allein Ali und dessen Nachkommen rechtmäßig der Anspruch auf das Imamat zustehe.

Es zeigt sich wieder, daß schwerste Verfolgungszeiten und Jahrhunderte von Märtyrern und blutigen

Opfern eine düstere Färbung in die religiösen Traditionen und Praktiken einbringen. In dieser islamischen Tradition kommt es dann später auch zu apokalyptischen Erwartungen, daß eines Tages der rechtmäßige Imam wiederkehren und sein ewiges Reich aufrichten würde, eine Tradition, die durchaus den christlichen Apokalyptikern ähnelt, wie sie die Offenbarung des Johannes beschreibt.

Der Hauptstrom aber des islamischen Lebens und der islamischen Glaubenspraxis basiert auf den fünf Säulen und wird ergänzt durch das Rechtsverständnis der Scharia, des islamischen Rechts. Dieses Recht wird von Schriftgelehrten ausgelegt und gilt als verbindlich für islamische Gemeinschaften (die Umma). Allerdings ist die Tradition, daß Auslegung des Korans und Auslegung der Scharia, weltliche Macht und religiöse Macht, in den Händen eines religiösen Führers zu liegen hätten, weder im Koran verankert noch in der Tradition von Mohammed und seinen ersten Nachfolgern. Es ist, ähnlich wie im Christentum, Ergebnis späterer Leidenszeiten und der Rivalitäten zwischen weltlicher und religiöser Macht. Die Scharia enthält neben allerlei nützlichen Hinweisen für ein friedliches Miteinander, für soziales Verhalten, Hygiene und Armenfürsorge radikale Vorschriften für Fälle von Übertretungen der Gesetze, insbesondere des altertümlichen Familienrechts. Da gibt es Todesstrafen, körperliche Züchtigungen und demütigende Strafpraktiken. Hierin liegt eine der größten Hürden für die Modernisierung islamischer Gesellschaften.

Schon traditionell hatte der Gedanke des Djihad in der muslimischen Welt eine große Rolle gespielt. Dem Wortsinn nach bedeutete es zunächst nur «Anstrengung« und bezog sich auf die muslimischen Alltags-Pflichten, die Bekämpfung der eigenen schlechten Gewohnheiten und Anlagen. Aber da die Geschichte der islamischen Gesellschaft an Kämpfen reich ist, bezog er sich immer stärker auch auf den Gedanken der militärischen Aktionen zur Vergrößerung der schnell wachsenden islamischen Imperien. Als die islamischen Länder im 17. und 19. Jahrhundert durch die kolonialen Expansionen Europas erstmals in die Defensive gerieten, deuteten islamische Gelehrte den Djihad vor allen Dingen als Pflicht zur militärischen Verteidigung des Islam. Ihre Aufrufe ähneln durchaus den Begründungen für manchen christlichen Kreuzzug früherer Jahrhunderte. Hatten sich die islamischen Länder – ganz besonders unter der 700 Jahre dauernden Herrschaft des osmanischen Reiches – einst eines großen Wohlstands und eines enormen wirtschaftlichen und kulturellen Selbstbewußtseins erfreut, verband sich seit dem 19. Jahrhundert immer stärker die Tradition des Djihad mit ideologischen Motiven des Kampfes gegen die militärische, wirtschaftliche und kulturelle Überlegenheit des als dekadent empfundenen Westens.

Der Gott des Islam, der einstmals Glaube und Vernunft miteinander versöhnen wollte und rechtlich geordnete Wohlstandsgesellschaften mit starker sozialer Verpflichtung und stabilen Familienstrukturen anstrebte, wird so nicht am Anfang, sondern erstmals in der Neuzeit radikalisiert zum Befreiergott, zum Verteidigergott, zum politischen Gott einer sich von den großen Weltentwicklungen abgekoppelt fühlenden Gemeinschaft der Gekränkten. Die Sicherheit, daß der Monotheismus des Islam den anderen Weltreligionen überlegen sei und den Dialog mit ihnen allezeit wagen könne, droht begraben zu werden in einer selbstzerstörerischen Abgrenzung von all den Gottes-, Welt- und Menschenbildern, zu denen islamische Traditionen und islamische Toleranz einmal erheblich beigetragen hatten.

Exkurs: Über die Kränkung religiöser Gefühle

Religionsgemeinschaften sind auf eine ganz besondere Weise verletzbar, wenn man die ihnen besonders wichtigen Überzeugungen und Symbole entehrt und attakkiert. Da es bei den Glaubenden ein besonders intensives und geradezu schutzloses Vertrauensverhältnis zu dem eigenen Gott gibt – und auf der anderen Seite das Gefühl einer besonderen Erwählung, einer von Gott selbst verliehenen Würde – rufen die Kränkungen dieser religiösen Überzeugungen heftigste Erschütterungen hervor. Nicht selten werden sie wie ein Blitzschlag im Gemüt, wie das Gefühl vollkommener Ohnmacht gegenüber bösartigster Willkür erfahren, als eine Art Märtyrerstatus. Das ist im Bezug auf religiöse Kollektive nicht anders als bei den Kränkungen, Ehrverletzungen, öffentlichen Beschämungen von einzelnen Individuen. Die Chinesen kennen einen besonderen Begriff für die Wirkung solcher Praktiken: »das Gesicht verlieren« Gesichtsverlust heißt Ehrverlust, Würdelosigkeit, am Pranger stehen, Ausgestoßensein aus der Gemeinschaft, Verlust von Integrität. Auch die europäischen Kulturen, die sich durch Ironie, Zynismus, Humor, Witz und Satire reichlich eingeübt haben, solche Angriffe auf das subjektive Ehrgefühl hinzunehmen und souverän abzufedern, wissen selbstverständlich, daß Worte tiefer verletzen können als äußerliche Waffen. Schließlich haben gerade die westlichen Gesellschaften viele der Ehrgefühle, die sich früher auf religiöse Symbole bezogen, auf nationalistische Symbole übertragen: auf die Fahne, die Hymne, die Nationenehre. Die Wirkung solcher Kränkungen von heiligsten Überzeugungen ist enorm. »Dem Gekränkten ist das Gefühl, selbst über das eigene Bild in der kleineren oder größeren Öffentlichkeit verfügen zu können, beeinträchtigt und damit ein Teil seiner Handlungsfähigkeit. Die die Kränkung auslösende Handlung ist aber stets die eines anderen, nie meine eigene. Das ist gerade das Problem: Durch die Kränkung erlangt ein anderer Macht über mich, indem er meine Handlungsfähigkeit begrenzt.« (Gesine Palmer)

Kränkungen von nationalen Gefühlen, von religiösen Gefühlen, von persönlichen Ehrgefühlen gehören also gezielt zum Machtspiel zwischen Menschen, gelegentlich gehören sie zur psychologischen Kriegsvorbereitung. Dahinter steckt die allgemein menschliche Erfahrung, daß niemand so schnell in einen blinden heißen Zorn, in einen Jähzorn, in einen unberechenbaren Ausnahmezustand zu versetzen ist wie ein gekränkter Mensch. Kränkungen können deswegen durchaus gezielt und kaltblütig eingesetzt werden, um eine solche Provokation zu initiieren und die daraus folgenden Eskalationen zu bewirken.

Das mindeste, was die Kränkung beim Gekränkten hervorruft, ist Scham über die öffentliche Bloßstellung; häufig auch das Gefühl, sich nicht anders helfen zu können als durch einen jähen Gewaltausbruch. »Jede Kränkung destabilisiert nicht nur das persönliche Gleichgewicht des Gekränkten, sondern auch das gesellschaftliche Gleichgewicht, sofern sie heftige Reaktionen hervorrufen kann … und plötzlich wird die ganze Welt zu einem Familientisch mit Haustyrann.« (Gesine Palmer)

In der Religionsgeschichte gibt es berühmte Schlüsselszenen öffentlicher Kränkung von religiösen Gefühlen. Die berühmteste ist mit einem Zentralereignis des Christentums verbunden. Pilatus läßt Jesus, der von sich gar nicht behauptet hat, ein König zu sein, mit einer erniedrigenden Dornenkrone krönen und schreibt noch die Inschrift: »Jesus von Nazareth, König der Juden« über das Hinrichtungsinstrument, das er auf der Schädelstätte errichtet, das Kreuz als perverser Ersatz eines Königsthrons. Er verhöhnt damit gleichzeitig die Juden, die zwar einen »Sohn Davids« erwarteten, aber doch nicht einen solchen ohnmächtigen und sanftmütigen. Folgerichtig geraten auch die jüdischen Beobachter dieser unwürdigen Szene national und religiös gekränkt in Rage. Und er verhöhnt die verstörten Anhänger Jesu, die gerade nicht einen irdischen König, sondern den Gottessohn als Boten des Gottesreiches erwarteten und nun mit einem dornengekrönten Lumpenkönig beschämt werden. Die existentielle Zuspitzung erfährt diese Szene dadurch, daß Pilatus selbst offenbar im Zweifel war über die Notwendigkeit der Hinrichtung dieses sanftmütigen Menschen und mit seiner Inschrift dann genau den Satz formulierte, der auch zur psychologischen Eskalation zwischen Juden und Christen beitragen mußte.

Eine weitere Schlüsselszene religiöser Kränkungen sei hier erwähnt: Als der spanische Eroberer Francisco Pizarro auf den Inkakönig Atahualpa stieß und von diesem würde- und ehrfurchtsvoll empfangen wurde, ließ er sich von seinem Feldgeistlichen eine Bibel reichen. Das Ursymbol einer schriftgestützten Offenbarungsreligion diente ihm vor seinem ganzen Gefolge als Gottesprobe gegenüber dem fremden König. Als der schriftunkundige Atahualpa, der gewohnt war, seinen Gott meditierend im Verlauf der Sonne und der Gestirne zu suchen und zu interpretieren, dieses Buch, dessen Wert ihm vollständig unbekannt war, beiseite warf, spielte Pizarro selbst den in seinen religiösen Gefühlen tief Gekränkten und Empörten. Die ganze Szene nutzte er als Anlaß, den mächtigen, hochgebildeten Inkakönig wegen schwerster Gotteslästerung zu seinem Gefangenen zu machen. Die symbolische

Macht, die jeder Kränkende über den Gekränkten hat, wurde urplötzlich zur realen Machtpolitik. Der Körper des Königs, von jeher eine hochsymbolische Personifikation der Würde eines ganzen Volkes, diente dem Eroberer zum Unterpfand, eine ganze Nation in ohnmächtige Erstarrung zu versetzen. Im Verlauf der Tragödie wurden die gesamten Gold- und Tempelschätze des Inkareiches ausgeraubt für das eine Ziel, den unzerstörten Körper des Königs wieder zurückzubekommen, um mit ihm überhaupt wieder kultisch und politisch handlungsfähig zu werden. Es folgte eine der brutalsten Szenen der Weltgeschichte in Bezug auf die Kränkung fremder religiöser Überzeugungen. Die Machtdemonstration der sogenannten überlegenen Religionen ging sogar so weit, den gottgleichen König der Inkas noch nach dem Todesurteil zur christlichen Taufe zu nötigen, damit sein gequälter Körper wenigstens ohne Enthauptung (gnädigerweise nur erdrosselt) in die ewigen Gefilde seines Volkes eingehen könne. Die spirituell überlegene kosmische Religion der Inkas, die es dem König verbot, situationsgerecht klug zu handeln, unterlag der Brutalität eines machtpolitischen Eroberers, der die religiöse Kränkung als kriegsbegründende Tat taktisch eingesetzt und realpolitisch mißbraucht hatte.

Skrupellose Kränkungen religiöser Gefühle stehen oft auf einer Stufe mit sexuellen Demütigungen und Vergewaltigung von Frauen, die ja ebenfalls auf öffentlichen Ehrverlust der gegnerischen Seite, bei brutaler Machtdemonstration des omnipotenten »Siegers« zielen. Gelegentlich werden beide Handlungsstränge auch miteinander verknüpft. Nur so ist die fatale Wirkung zu erklären, die jenes aktuelle Foto aus Abu-Ghraib erzeugte, in der eine amerikanische Soldatin einen muslimischen Gefangenen, nackt, vergewaltigt und religiös entehrt am Halsband führte. Solche Bilder haben die Möglichkeit, Kriege auszulösen und eskalieren zu lassen. Und es ist schwer vorstellbar, daß das Arrangement solcher Szenen und ihrer Abbildungen nicht gezielt beabsichtigt war.

Nicht alle Auswirkungen der Kränkbarkeit religiöser Gefühle haben so geschichtsträchtige Folgen, aber das Grundmuster, daß Kränkungen religiöser Gefühle in das Arsenal der psychologischen Kriegsführung gehören, ist allgemein gültig. Aus diesem Grunde haben die Weisheitslehrer aller Religionen um des Friedens willen erhebliche Überlegungen investiert, wie eine solche Zuspitzung leidenschaftlicher Eskalationen zu vermeiden, zu mildern oder zu unterlaufen ist. Wenn »aus der Aufgeregtheit der Verteidigung eine Stimme des Friedens werden soll, dann wird es wohl am ehesten dann möglich sein, wenn jemand auch bei schlimmster Kränkung in seiner eigenen Produktivität und Moralität eine Quelle neuer Anfänge finden kann. Nur wer das hat, ist möglicherweise auch umgekehrt in der Lage, eine in einem Kränkungs- und Bedrohungsgetümmel einmal aufgeworfene und destruktiv werdende Selbstbehauptungsmaschine gegen alle Wahrscheinlichkeit noch einmal anzuhalten ... Die Funktion der Weisheit war immer und überall, den Menschen ihre Begrenztheit vor Augen zu führen und ihnen zu sagen, daß sie erst, wenn sie die Kränkung, die in solcher Einsicht liegt, integriert haben, auch in der Lage sein werden, der Gewalt Grenzen zu setzen.« (Gesine Palmer)

Solche Lehren, wie Kränkungen überhaupt zu vermeiden sind oder doch auch, im Falle des Erleidens, im eigenen Inneren ausbalanciert werden können, gibt es im Alten Testament: »Den Fremden sollst du nicht kränken und nicht bedrücken« (Ex 22, 20). In dieser Tradition steht auch wiederholt Jesus von Nazareth, wenn er sagt: »Wenn dir jemand einen Backenstreich gibt, in der Absicht, daß du öffentlich das Gesicht verlierst, so reiche ihm auch noch die andere Wange hin.«

Am intensivsten aber hat gerade der Buddhismus diese Tradition der Überwindung der Gewalterfahrung und der Kränkung durch innere Souveränität, geistige Freiheit und praktizierte Demut zu einer ganzen Lebensphilosophie entwickelt. Die westlichen Gesellschaften ihrerseits haben sich angewöhnt, unter dem Verzicht auf spontane eigene Rachebedürfnisse die Wiederherstellung des Machtgleichgewichts zwischen den Verletzenden und dem Verletzten und die Rückbesinnung auf die beiden innewohnende Menschenwürde einer dritten Instanz, dem Gewaltmonopol des Staates – oder auch der öffentlichen Debatte –, zu überlassen. Nicht zuletzt vertraut sie darauf, daß die schon genannte Palette von Reaktionen der anderen Art, von der zynischen Satire bis zum erleichterten

Gelächter, die Härte aus den Kränkungserfahrungen nimmt. Daß auch hier gelegentlich manches kräftig aus dem Ruder läuft und manches gern als Witz, Ironie und Karikatur gewertet werden möchte, was in Wahrheit ein reines Machtspiel von Kränkung, Bösartigkeit und gezielter Provokation ist, das steht auf einem anderen Blatt. Die moderne Medienwelt hat ein ganzes Arsenal an neuen öffentlichen Prangern und Beichtstühlen, an Bloßstellungen und Kampagnen geschaffen, mit denen auch die alten Weisheitslehrer manche Mühe hätten.

Alle Zitate aus: *Kränkung, Scham und Gewalt. Leise Bemerkungen zum lärmenden Diskurs von der Verletzung religiöser Gefühle*, Vortrag von Gesine Palmer auf einer Tagung in der Evangelischen Akademie Arnoldshain 2006.

Ein alter Streit: Monotheismus gegen Kosmotheismus

In jüngster Zeit ist unter den Religionswissenschaftlern und Theologen eine sehr ernsthafte Debatte darüber entstanden, ob die kritischen und gefährlichen Momente in der Entwicklung des mosaischen Glaubens, des Christentums und des Islam ursächlich mit dem Monotheismus zu tun haben. Es war der Ägyptologe Jan Assmann, der in seinen äußerst spannenden und mutigen Büchern »Moses, der Ägypter« und »Die mosaische Unterscheidung« diese Debatte angestoßen hatte. Seiner Meinung nach ist die religiöse und weltliche Militanz ein ursächliches Ergebnis der Idee des einen Gottes, neben dem es keine anderen Götter geben durfte. Außer der missionarischen Militanz des Monotheismus, an der es nach dem historischen Befund, so sagt er, keinen Zweifel geben kann, hält er auch das Bilderverbot, den Ikonoklasmus der Monotheisten, für verheerend, für kunst- und kulturfeindlich. Und schließlich unterstreicht er, daß darin insgesamt eine Weltflucht und Weltverachtung begründet ist, die einen geistigen Extremismus und einen religiösen Fundamentalismus mit Notwendigkeit gebiert. Demgegenüber hält er das Gottesverständnis der vielen Götter und insbesondere das ägyptische Modell des Kosmotheismus, der einen Gottheit, die mit anderen Göttern in religiöser Toleranz lebt, für humaner, menschen- und weltfreundlicher.

Assmann hat viel Zustimmung erfahren, zum Beispiel von Peter Sloterdijk, der auch den monotheistischen »Gotteseifer« für verhängnisvoll hält und dafür viele treffende Beispiele aus den zelotischen Räuschen der Religionsgeschichte anzuführen versteht. Und ganz sicher entspricht eine solche Analyse dem Eindruck vieler Zeitgenossen, die vor der Militanz heutiger religiöser Eiferer erschrecken. Solche Eiferer befinden sich aktuell nicht nur in den islamistischen Taliban, sondern auch unter fanatischen, protestantischen Fundamentalisten in Amerika oder bei manchen fundamentalistischen jüdischen Siedlern. Aus solchen Abgrenzungen speist sich dann die Suche und die Sehnsucht nach sanfteren, spirituellen Quellen oder der Wunsch nach dem Ende aller religiösen Weltdeutungen. Zugleich liegt darin eine große Sorge vor einer dominanten Monokultur im Bereich der Religionen, die vergleichbar uniform erscheint wie auch andere kulturelle Folgen der Globalisierung.

Diese Debatte ist notwendig, sie ist auch keineswegs einfach zu einem allüberzeugenden Ergebnis zu bringen. Sicher entspricht ein gemäßigter vergeistigter Polytheismus im Sinne einer erneuten kosmologischen Weltverzauberung den Bedürfnissen vieler Menschen, die von den Kriegsgeschichten der monotheistischen Religionen angewidert sind und sich nach neuen Wahrheiten und anderen Gottesbildern aufmachen. Gleichzeitig aber unterliegt es sentimentalen Täuschungen über die Friedensfähigkeit polytheistischer oder atheistischer Gemeinschaften und der Illusion, als läge es an den Gottesbildern, ob die Menschheit friedensfähig ist. Was gibt es in den Gottesbildern, das die menschliche Entscheidungsfreiheit ausschalten könnte?

Vor allem der Vorwurf der Bilderstürmerei, der egalitären Monokultur und der Weltfremdheit ist gegenüber den monotheistischen Religionen auf Dauer schwer durchzuhalten. Gerade während der machtpolitisch finstersten Zeiten des römischen Katholizismus hat es die Wiederentdeckung der griechischen und römischen Antike und in ihrer Folge der grandiosesten Kunst gegeben, die von eben denselben Päpsten gefördert wurden, die auch die Kreuzzüge und die Waffen segneten. Und wenn es auch immer wieder heftige Debatten über die freizügigen Inhalte vieler Kunstwerke gegeben hat, so ist doch die Entwicklung von Kunst und Kultur in diesem Rahmen von beeindruckender Freiheit und sinnlicher Schönheit. Und selbst im Protestantismus, der anfangs eine ähnliche Bilderstürmerei kannte wie später die französische Revolution und noch später die Taliban, hat es schließlich nur eine Verlagerung der künstlerischen Kreativität von einem Metier, der Malerei, in die orgiastische andere Bilderflut der Kirchenmusik oder der Schönheit der Sprache gegeben – so wie sich auch der Islam seinen eigenen künstlerischen Ausweg in grandioser Architektur, Literatur, Poesie und Musik suchte.

Auch der Vorwurf der Weltfremdheit und Weltverachtung ist den monotheistischen Religionen nicht dauerhaft zu machen. Es gibt eine großartige Feier des Kosmos und der Schöpfung in vielen der schönsten

Texte, in manchen Psalmen (zum Beispiel Psalm 104 oder Psalm 82), im Sonnengesang des Franziskus und in den Texten der jüdischen, christlichen und islamischen Weisheit. Es gibt eine geradezu hinreißend sinnliche Ausmalung der Gottesliebe und eine vielstimmige Feier der Schönheit der Welt bis hin zu den Ekstasen irdischer und mystischer Liebe.

Nein, an zu wenig Weltlichkeit hat es den monotheistischen Religionen vielleicht an ihrem asketischen Anfang gefehlt, aber keinesfalls im durchaus weltlichen Verlauf dieser Religionen und Religionsgemeinschaften. Im Gegenteil möchte man fast sagen, daß ihnen über zu vielem Verständnis und zu vielen Sorgen um die weltlichen Dinge allmählich das Gottesverständnis abhanden kam. Doch das ist eine andere Geschichte. Wir werden noch darauf zurückkommen.

Die entscheidende Kritik von Assmann und anderen an den monotheistischen Religionen aber betrifft ihren unbedingten Wahrheitsanspruch. Er schreibt, alle monotheistischen Religionen hätten einen »emphatischen« Wahrheitsbegriff:

»Sie alle beruhen auf einer Unterscheidung wahrer und falscher Religion und verkündigen auf dieser Basis eine Wahrheit, die sich nicht ergänzend neben andere Wahrheiten, sondern alle anderen traditionellen oder konkurrierenden Wahrheiten in den Bereich des Falschen stellt. Diese exklusive Wahrheit ist das eigentlich Neue, und ihr neuartiger, exklusiver und ausgrenzender Charakter tritt auch in der Art ihrer Mitteilung und Kodifizierung deutlich hervor. Sie ist ihrem Eigenverständnis nach der Menschheit offenbart worden – kein Weg hätte die Menschen von der über Generationen akkumulierten Erfahrung aus eigener Kraft zu diesem Ziel geführt; und sie ist in einem Kanon heiliger Schriften niedergelegt worden, denn kein Kult und keine Riten wären dazu imstande, diese offenbarte Wahrheit über die Jahrhunderte und Jahrtausende zu bewahren. Aus der welterschließenden Kraft dieser offenbarten Wahrheit schöpfen die neuen oder sekundären Religionen ihre antagonistische Energie, die es ihnen möglich macht, das Falsche zu erkennen und auszugrenzen und das Wahre in ein normatives Gebäude von Richtlinien, Dogmen, Lebensregeln und Heilslehren auszubuchstabieren.« (*Die mosaische Unterscheidung oder Preis des Monotheismus*, München 2003, Seite 13 f.)

»Diese und nur diese Religionen haben zugleich mit der Wahrheit, die sie verkünden, auch ein Gegenüber, das sie bekämpfen. Nur sie kennen Ketzer und Heiden, Irrlehren, Sekten, Aberglauben, Götzendienst, Idolatrie, Magie, Unwissenheit, Unglauben, Häresie und wie die Begriffe alle heißen mögen für das, was sie als Erscheinungsformen des Unwahren denunzieren, verfolgen und ausgrenzen.« (Ebenda, S. 14)

Es ist also nicht nur die Intoleranz nach außen, die die Kritiker am Monotheismus stört, es ist auch die Intoleranz im Inneren, die sie fürchten, die Unfähigkeit zur Kritik des eigenen Wahrheitsanspruchs und die mangelnde Fähigkeit, an den eigenen Überzeugungen zu zweifeln.

Um diesen Vorwurf zu überprüfen, müssen wir ein bißchen genauer in die tatsächliche Geschichte und Entwicklung der monotheistischen Religionen einsteigen. Wir werden sehen: Es ist eine aufregende Geschichte voller Widersprüche.

4
GOTT IST ANDERS

Die Propheten

Vor fast 3000 Jahren – genauer: um 800 vor Christus,
also zur Zeit der größten Machtausdehnung des davi-
dischen Königreiches – trat ein völlig neuer Personen-
kreis innerhalb der monotheistischen Religion auf: die
Propheten. Erst wenn man diesen frühen Zeitpunkt
ihres ersten Auftretens bedenkt, begreift man wirklich,
wie erstaunlich die Figur des Propheten in der Religionsgeschichte ist. Bis dahin waren alle Religionsführer
oder auch der König, der die Gottheit verkörperte,
Repräsentanten des gesamten Gemeinwesens, der Gemeinde, des Staates, der Schar der Gläubigen gewesen.
Ganz anders sind die Propheten. Sie sind einzelne,
einsame Rufer, sie stehen im Widerspruch zu den Gemeinschaften, aus denen sie kommen, im Widerspruch
zum religiösen Hauptort, dem Tempel mit seinem
Kultpersonal. Der Prophet sagt zum ersten Mal: »Ich
aber sage euch«, in einer Umgebung, die eigentlich
nur das »Wir« kennt.

Daß alle Propheten unter diesem Auftrag, unter
diesem Schicksal gelitten haben, wird in ergreifender

Weise geschildert. Da ist der Prophet Jeremia, der in seinen Klageliedern bereut, daß er überhaupt geboren ist (Jer 20). Da ist der Prophet Jona, der vor Gottes Auftrag so weit flieht, daß er schließlich sogar von einem Fisch im Ozean verschlungen wird. Da ist der Prophet Jesaja, den Gott selbst durch allerlei erstaunliche Wunder überzeugen muß, seinem Auftrag zu folgen, und der sich von da ab als »leidender Gottesknecht« (Jes 53) versteht.

Man mag die Propheten und die prophetische Rede mögen oder nicht, man mag auch den hohen Ton enervierend finden, in dem die prophetische Rede normalerweise daherkommt, man mag auch von Übertreibung, Obsession, von narzißtischem Größenwahn bei den Propheten sprechen, wie es manche Kritiker des monotheistischen Glaubens tun – niemand kann dem Eindruck entgehen, daß das Leben eines Propheten ein tragisches Schicksal war, voller Depressionen, voller Einsamkeit und voller Selbstzweifel über sich und die eigene Aufgabe. In dieser Epoche, wo die Zugehörigkeit zum eigenen Volk, zum eigenen Stamm, zur eigenen Religion essentiell für die eigene Überlebensfähigkeit war, ist das von großer Besonderheit. Selbst die heftigen politischen Konflikte jener Zeit oder die religiösen Differenzen wurden ja in Kollektiven ausgetragen, die gegeneinander antraten, sich aber auch untereinander schützten und bestätigten. Der Prophet dagegen ist allein, ohne Gruppe, ohne äußere Legitimation.

Was ist die Funktion des Propheten? Der Prophet kritisiert die Macht, die politische Macht und nicht

selten auch die religiöse Macht. Von daher ist das Auftreten der Propheten in Israel zeitidentisch mit der
Phase, in der Israel ein Zentralstaat mit einem zentralen
Heiligtum, dem Tempel, wird. Der Prophet kritisiert
das Vergehen des Königs (zum Beispiel den Ehebruch
Davids, den Mord an seinem Rivalen Asab); er kritisiert
die dekadente Oberschicht der Stadt, mit ihrem Luxus
und ihrer Gottvergessenheit; er kritisiert die Priester
und Schriftgelehrten, die Gottes Wort falsch auslegen.
Und er kritisiert die verlogenen Heilspropheten, die
»Friede, Friede!« sagen, wo doch kein Friede ist. Er
kritisiert also diejenigen unter seinen Berufskollegen,
die statt bitterer Wahrheiten Schmeicheleien und wohl-
klingende Träumereien verkünden, um sich beim König und beim Volk beliebt zu machen. Wenn man so
will, sind die Propheten damit die ersten modernen
Gestalten in der Religionsgeschichte – die Vorläufer
der Machtkritik, des politischen Journalismus, der In-
tellektuellen –, die es offen wagen, die politische Macht
zu kritisieren mit ihrem »J'accuse«.

Was legitimiert die Propheten? Wie kann man unterscheiden zwischen einem Verrückten und einem
Propheten, zwischen einem selbsterwählten Heiligen
und einem wirklichen Interpreten des Willens Gottes?

Die alttestamentlichen Zeugnisse kennen dafür
viererlei Kriterien:

- Ein Prophet wählt sich nicht selbst, er wird gewählt,
  er ist selbst Träger einer Offenbarung, er hört einen
  Ruf, der an ihn ergeht. Deswegen tritt der Prophet

in der Regel mit den Worten auf: »Dies ist das Wort Gottes«, oder: »Spruch Adonajs«.

- Gelegentlich erfährt der Prophet auch Gottes Willen, den er zu verkündigen hat, in Form von Träumen, die von ihm dann gedeutet werden. An einigen Stellen ist auch davon die Rede, daß er in einer Art von Ekstase bei einem himmlischen Ratschlag Gottes anwesend ist, der ihn beauftragt, den Rat und den Willen Gottes an sein Volk zu verkündigen. Die Botschaft, die der Prophet erhält, ist aber kein schriftlicher Text.

- Was alle wissen und alle denken, ist nicht Inhalt prophetischer Botschaft. Das Ungewöhnliche, das nicht gern Gehörte, das Schockierende, das, mit dem niemand gerechnet hat, ist ein gewisser Hinweis darauf, daß der Prophet nicht aus sich selbst heraus redet. Dabei muß der Inhalt der prophetischen Rede nicht immer Gericht und Zorn Gottes ankündigen. Er kann, wie am Beispiel des Jeremia im Exil, auch dazu auffordern: »Suchet der Stadt Bestes!« –, was ja fast eine Aufforderung zur Kollaboration mit der fremden Herrschaft war, also Hochverrat.

- Letztendlich läßt sich die Wahrheit der prophetischen Botschaft nur dadurch belegen, daß sie eintrifft, gegen alle Wahrscheinlichkeit. Das aber steigert die Einsamkeit des Propheten, er redet in der Gegenwart, und zwar von der Zukunft, die vieldeutig ist. Ob er die Wahrheit gesagt hat, läßt sich erst im Nachhinein verifizieren.

Trotzdem gibt es ein Kriterium, das den Propheten überhaupt erst ermöglicht, sich Gehör zu verschaffen. Und das ist nun wiederum ein sehr kühner Gedanke: Der Prophet redet zwar gegen die politische und religiöse Macht, aber doch auf der Basis einer unwiderruflichen Gemeinsamkeit, er redet auf der Gemeinsamkeit der an alle ergangenen ursprünglichen Offenbarung. Ein solcher Streit um die Wahrheit, ein solcher Widerspruch ist nur in monotheistischen Religionen denkbar. In den polytheistischen Religionen sind die Götter anwesend, verkörpert jeder einzelne von ihnen einen bestimmten Aspekt der göttlichen Vielfalt und der göttlichen Eigenschaften; daneben stehen andere Götter mit anderen Bedeutungen. Innerhalb dieser Gottesbilder gibt es bestimmte Veränderungen und Verwandlungen, aber keinen grundlegenden Streit um die Essenz der Offenbarung. Um diesen Streit überhaupt führen zu können, braucht man eine gemeinsame Ausgangsbasis, einen verbindlichen Text, einen verbindlichen Wahrheitsanspruch, um den sich zu streiten lohnt und um den zu kämpfen notwendig ist.

Hätten die Propheten sich nicht auf denselben Urtext, dieselbe Offenbarung, dieselbe Heilsgeschichte berufen, sie wären einfach aus den Gemeinschaften verjagt worden wie räudige Hunde. Aber dieses Sich-Berufen auf die gemeinsame Grundlage ist der Kern dessen, warum sie überhaupt wagen können, vor ihr Volk zu treten. Und der Kern ihrer Botschaft heißt: »Gott ist anders!« Dieser Satz, »Gott ist anders!«, fordert zweifelsohne großen Mut. Aber er bedeutet auch eine neue Freiheit im Denken über die Gottesbilder. So sehr die Berufung den Propheten als göttlicher Zwang erschienen sein mag, so sehr sie von außen als anmaßend, obsessiv und sprachtrunken betrachtet wurden, der Kern dessen, warum sie so geredet haben, wie sie geredet haben, war Freiheit.

Daß sie damit nicht immer ein glückliches und gemeinschaftstaugliches Leben geführt haben, ist unbestritten. Aber sie haben doch für alle Zeit den Anspruch hochgehalten, daß von Wahrheit und Gerechtigkeit die Rede sein muß, wenn wirklich über Gott geredet wird.

Im Auftreten des historischen Jesus von Nazareth, der sich ganz sicher nicht als Stifter einer neuen Religion verstanden hat, taucht eine solche prophetische Redeform immer wieder auf. So steht im Zentrum seiner Botschaft, die in der Bergpredigt aufbewahrt wurde, immer wieder die Formel: »Ihr habt gehört, daß zu den Vätern gesagt worden ist … ich aber sage euch …« Mit diesem »ich aber sage euch« ist dann jedesmal eine Radikalisierung, ein besonderes Ernstnehmen des Pazifismus und der Friedensliebe in den ursprünglichen Geboten gemeint. Es ging also auch ihm um legitimierte Neuinterpretation der ursprünglichen Offenbarung, die alle kannten, in den Kämpfen seiner Gegenwart. Auch von ihm sind Konflikte mit den Theologen und Schriftgelehrten des Tempels und mit der reichen Jerusalemer Oberschicht überliefert. Auch von ihm ist die Einsamkeit und Isolation überliefert, trotz aller Jünger und aller Gefolgsleute, die ihn aber

im entscheidenden Moment verlassen hatten. Die ersten Christen haben ihn infolgedessen auch in der Tradition des Jesaja als »leidenden Gottesknecht«, als
Propheten interpretiert, bevor die unter dem hellenistischen Einfluß ausgebaute Christologie und Trinitätslehre dann dieses Prophetenbild durch den »Christus« überhöhte.

Aus dieser Nähe zur prophetischen Tradition im
Monotheismus ist schließlich auch erklärlich, daß der
Islam seinen Religionsstifter Mohammed als Propheten interpretierte, in diesem Fall als den letzten der
Propheten. Nur so konnte er in einer zunehmend monotheistischen Umgebung den eigenen Wahrheitsanspruch aufrechterhalten. Auch das Neue in der Interpretation Mohammeds mußte sich auf die gleiche
Offenbarung, den gleichen Urtext, den gleichen Gott
beziehen. Natürlich bringt das Schärfe, Polemik und
Abgrenzungsbedürfnisse in den Streit um die Interpretation dieser Urquelle. Es bringt aber auch eine
Gemeinsamkeit in den Streit, der nie wieder auszuwei-
chen ist. Wenn die gemeinsame Quelle, der gemeinsame Urtext akzeptiert ist, kann man sich nicht ent-
kommen. Man muß miteinander darüber reden, was
in diesem Urtext über Gott gesagt ist und was das für
die Welt bedeutet, in der man gemeinsam lebt.

Ordensgründer, Reformatoren und Protestanten

Es ist leicht erklärlich, daß die ersten Jahrhunderte des Christentums wenig Anlaß zu einem machtkritischen oder religionskritischen Auftreten von Prophetengestalten boten. Hier waren es die Märtyrer, die den Wahrheitsanspruch der göttlichen Botschaft hochhielten, trotz aller Folter und Todesdrohungen. Was den Inhalt der neuen christlichen Botschaft betrifft, so waren es Konzile und Kirchenlehrer, nicht selten auch heftige innerkirchliche Debatten um die wahre Lehre – beispielsweise in Auseinandersetzungen mit der hellenistischen Gnosis und dem Dualismus der Manichäer –, die den Kampf um die Wahrheit ausfüllten. Die dann folgenden Jahrhunderte waren bestimmt von den diversen Versuchen, kirchliche und weltliche Macht in ein stabiles Verhältnis zueinander zu bringen – das ist eine Frage, zu der die Propheten meist schweigen. Es kam zur großen Kirchenspaltung zwischen der oströmischen byzantinisch-orthodoxen Kirche und der weströmischen Kirche, die ihrerseits in heftigsten Auseinandersetzungen mit den verschiedenen Kaisern verstrickt war, bei der es gelegentlich sogar Gegenpäpste im Dienste der weltlichen Machtpolitik gab. Aber auch in diesen Zeiten sorgten Reformbewegungen immer wieder innerhalb der Kirche für die erneute Legitimation und Sta-

bilisierung des kirchlichen Zentrums. Die ersten
Ordensgründungen der Augustiner oder Benediktiner – so sehr sie an einem ernsthaften Glaubensverständnis nach dem Vorbild Jesu interessiert waren –
hatten vorrangig dienende und missionarische und
selten machtkritische Funktionen. Sobald diese Orden mit ihrer Ordensgründung vom Papst selbst anerkannt waren, wurden sie zu einem berechenbaren
Faktor innerkirchlicher Verwaltungspraxis, sie lösten
das schwer kontrollierbare Phänomen vieler Einzelheiliger, Eremiten und Wanderprediger ab. Sie sorgten außerdem durch innere Hierarchien, Ehelosigkeit
und Sammlung von reichlichen Spenden und Erbschaften für klare Strukturen und Wahrung materieller Interessen sowie eine gut berechenbare Aufbautätigkeit der christlichen Gemeinschaften.

Ungefähr um das Jahr 1000, also zur Zeit einer
schon deutlich entfalteten Machtstellung der römischen Kurie, beginnt innerhalb der Kirchen so etwas
wie eine Renaissance prophetischer Bewegungen. Fast
immer beschäftigen sich diese mit der Machtpolitik
der Päpste, mit der Dekadenz der führenden Kirchenvertreter, mit dem luxuriösen Wohlleben von Kardinälen und Äbten, mit dem enormen Wachstum des
Kirchenbesitzes – also damit, daß das Evangelium als
die Botschaft für die Armen im Zentrum der Kirche
verraten wird. Gleichzeitig gibt es die ersten Bestrebungen innerhalb der sich entwickelnden christlichen
Nationen Nord- und Mitteleuropas, größere Unabhängigkeit von dem römischen Zentrum zu erlangen

und dafür die Frage der Interpretation des gemeinsamen Urtextes, der gemeinsamen Offenbarung zu nutzen.

Die Päpste reagierten auf diese verschiedenen prophetischen Anfragen durchaus differenziert. Sie wußten sehr wohl, welche Sprengkraft darin lag, die alt- und neutestamentlichen Offenbarungstexte wörtlich zu nehmen und ihre Wahrheit in der Gegenwart zu überprüfen. Es ist keineswegs ausgeschlossen, daß die diversen Aufrufe zu den Kreuzzügen ins Heilige Land, um Jerusalem von den islamischen Eroberern zu befreien, solchen religiösen Anforderungen und prophetischen Eiferern ein Ventil bieten sollten. Statt die Kirche im Lichte der Offenbarungstexte zu überprüfen, wurde so die Parole ausgegeben, den Ursprungsort der Offenbarungen von den »Ungläubigen« zu befreien. Eine andere Möglichkeit, dem prophetischen Drängen Raum zu geben, war es, die einzelnen radikalen Visionäre durch päpstliche Anerkennung zu einem festen Bestandteil der Kirche zu machen, und so im Inneren von deren erneuter Wahrhaftigkeit zu profitieren. So ging es den Reformern von Cluny im 10. und 11. Jahrhundert und besonders der vielleicht faszinierendsten und anrührendsten Gestalt unter den Nachfolgern Jesu, die wirklich ernst machen wollte mit der Botschaft für die Armen und dem Frieden für die Schöpfung: Franziskus von Assisi. Sein »Gott ist anders« lehnt sich dabei nicht nur an die Friedensbotschaft des historischen Jesus an, sondern verbindet diese auch mit einer Verheißung der Versöhnung mit der gesamten Schöpfung. Die Franziskaner und Klarissinnen, die Karmeliter und Zisterzienser, die Karthäuser und Prämonstratenser, sie alle trugen erheblich dazu bei, daß die zu Machtmißbrauch neigende Kirchenhierarchie nie die ganze Wahrheit darstellte über das Wesen der christlichen Kirchen, sondern korrigiert, ergänzt und von innen her reformiert wurde durch solche Bewegungen der erneuerten Armut und tiefer Volksfrömmigkeit.

Nichts anderes als solch eine Kirchenreformation wollten auch die großen Reformer-Gestalten des 14. und 15. Jahrhunderts: John Wiclif, Jan Hus, Martin Luther, Erasmus von Rotterdam, Philipp Melanchthon, Johannes Calvin und Huldreich Zwingli. Natürlich stand hinter all diesen auch das Bestreben der an Einfluß gewinnenden Landesfürsten, größere Unabhängigkeit von Rom und von den ständig wachsenden Steuer- und Zwangsabgaben zu bekommen. Aber im Kern ihres Massenerfolges stand die Botschaft: »Gott ist anders!« Um das zu dokumentieren, spielte die Übersetzung des Alten und Neuen Testamentes in die Landessprachen und die Freiheit der eigenen Interpretation der Bibel eine entscheidende Rolle. Es war wieder die Berufung auf den gemeinsamen Text, der diese Reformatoren für das Zentrum in Rom so gefährlich machte. Zu den Zeiten, als es noch Stadt- und Staatsgötter gab, hatten die kriegerischen Auseinandersetzungen um die Frage stattgefunden: Welcher Gott ist stärker? Im Zeitalter des Monotheismus, das nur einen Gott kennt, finden die großen Auseinandersetzungen unter der Frage statt: Was habt ihr aus diesem einen Gott gemacht, der doch der Gott der Armen und der Gott des Friedens ist?

Schon gegenüber der noch regional begrenzten Bewegung von Jan Hus und seiner Brüderbewegung, die an das gemeinschaftliche Lebensideal der ersten urchristlichen Gemeinden anknüpfen wollten, hatte das Konstanzer Konzil 1415 auf Wunsch des Papstes ein Exempel statuiert, daß es solche Art von Erneuerungsbewegungen nicht mehr zu tolerieren geneigt sei. Jan Hus mußte auf dem Scheiterhaufen brennen. Es ist eine der grandiosen kirchenpolitischen Fehlentscheidungen von Kirche und Konzil gewesen, die bewiesen, daß die Integrationsfähigkeit der damaligen katholischen Kirche erschöpft war. Hauptleidtragender war der Katholizismus selbst, allerdings auf so fatale Art und Weise, daß er fast ganz Europa mit in seinen drohenden Ruin und in kriegerische Auseinandersetzungen zog, die fast das Ende des europäischen Kontinents bedeutet hätten.

Weder Luther noch Calvin und Zwingli hatten je eine neue Kirche gründen wollen. Die zornglühenden Pamphlete, die Luther gegen die »aufrührerischen mörderischen Rotten der Bauern«, die Bilderstürmer und Wiedertäufer schrieb, zeigen, wie sehr er selbst schockiert war von dem, was er an Revolution bewirkt hatte, obwohl er eigentlich doch nur ein Reformator der eigenen Kirche sein wollte. Letztendlich war auch er ein Prophet wider Willen. Doch auch das hatte seine

Langzeitwirkung: Die nördlichen Länder Europas mit ihren Königen und Landesfürsten schlossen sich den volksnahen Neuinterpretationen des alten Glaubens an und entwickelten modernere, bürgerliche Gesellschaften, in denen das religiös-revolutionäre Feuer in einem neuen Kompromiß zwischen Thron und Altar zivilisiert wurde und sich die Kirchen dann weitgehend der ethischen Ausbildung der Einzelnen und den sozialen Verantwortungen gegenüber dem Gemeinwesen verpflichtet fühlten. Der römische Katholizismus und die südlichen Länder Europas versuchten wiederum im Zuge der Gegenreformation, bei der der neue Orden der Jesuiten des Ignatius von Loyola (1491-1556) eine entscheidende Rolle spielte, ihren alten Einfluß wiederzugewinnen. Mit dem feudalen Luxusleben ohne jede Bindung an die biblischen Schriften war es auch hier vorbei. Eine neue Ernsthaftigkeit im Studium der Schrift, in der Ausbildung des Klerus und der Bevölkerung, auch eine erneuerte Liturgie und neue Aufgaben in der Mission traten an die Stelle. Der Allmachtsanspruch der Päpste war im Prinzip gebrochen, auch wenn sich ein späteres Konzil noch zur Unfehlbarkeitserklärung der Päpste aufschwang.

Ein wertvolles Ergebnis dieser unendlichen Kämpfe, Revolutionen und Reformationen war die Trennung von Kirche und Staat in Form des Wormser Konkordats (1122) und seiner nachfolgenden Verträge. »Gott ist anders« hieß ab jetzt: Gottesmacht verträgt sich nicht mit weltlicher Macht. Davon profitierten am Ende beide: der Staat, indem er auf religiöse Weihen verzichtete und sich auf die weltlichen Dinge des öffentlichen Lebens beschränkte, die Kirche, indem sie die Freiheit des Glaubens verteidigte vor weltlichem Zwang und vor weltlichem Machtmißbrauch. Die Grundvoraussetzungen eines modernen Freiheitsverständnisses sind in dieser Trennung begründet.

Wir bekämpfen
die falsche Lehre – gegen die
säkularen Gegenreligionen

Mit dem großen Erfolg der Reformation hat sich noch einmal bestätigt, was auch schon die Trennung der westlichen von der östlichen, orthodoxen Kirche vorgemacht hatte: Es gab die Möglichkeit, mehrere Kirchen zu bilden auf der Basis ein und derselben Offenbarung. Nimmt man noch die Aufspaltungen der großen monotheistischen Religionen dazu, die ja alle in ihren Urtexten und abgeschlossenen Kanonsbildungen auf gleichen Offenbarungstexten beruhen, nimmt man schließlich noch das große Schisma in der islamischen Religion hinzu und schließlich die Vertausendfachung auch kleinster Gemeinden innerhalb der protestantischen Freikirchen, so ist deutlich: Die Vielfalt der Kirchen, der Gottesbilder, der Glaubensrichtungen und Alltagsfrömmigkeiten kehrt auch in die monotheistischen Religionen zurück und damit einhergehend auch eine große kulturelle Vielfalt. Und dennoch gibt es in all diesen unterschiedlichen Ausformungen die Notwendigkeit eines theologischen Gesprächs: Wenn alle an einen Gott glauben, wenn alle die Offenbarungstexte gemeinsam haben, dann haben alle eine Qualität, an der sie sich messen lassen müssen. Das hat im realen Leben nichts verhindert: keinen Krieg, keinen Machtmißbrauch, keine Laster, keinen Verstoß gegen die Feindesliebe und gegen das Evangelium für die Armen. Und dennoch ist dies kein Gegenbeweis gegen den Wahrheitsanspruch, der in den Offenbarungstexten begründet liegt. Es verstärkt nur die Notwendigkeit, den interpretatorischen Streit einerseits zu vertiefen und andererseits mit anderen als materiellen Waffen auszufechten. Wieder gilt: Was gibt es in der Essenz der gemeinsamen Urtexte, das die Entscheidungsfreiheit der Menschen, auch die, sich gegen diese Essenz zu entscheiden, aufheben könnte? Dennoch sind Gespräche, die sich an einem gemeinsamen Wissen, an einem gemeinsamen Text, an einem gemeinsamen Maßstab, an einer gemeinsamen Tradition messen müssen, etwas anderes als Unverbindlichkeiten. Sie eröffnen Möglichkeiten.

Angekündigt in einigen frühen Schriften der Humanisten des 16. und 17. Jahrhunderts, verbreitet sich im 18. Jahrhundert die Meinung, eine aufgeklärte Menschheit brauche solche gemeinsamen Texte nicht mehr, schöpfe sie doch aus dem ganzen Erbe der Menschheit, insbesondere des griechischen Humanismus. Die bei Künstlern, Fürstenhäusern und den revolutionären Immigranten in die »Neue Welt« sehr einflußreichen Freimaurer dachten und praktizierten zum ersten Mal eine weitgehende religiöse Toleranz, die innerhalb der eigenen Reihen den Streit zwischen Juden, Christen, Moslems, Kosmotheisten und Atheisten untersagte. Während der französischen Revolution aber, gerade in ihren radikalen, jansenitischen Flügeln und unter den jungen Sozialisten verbreitete sich die Parole: Weg mit aller Religion, sie ist das Opium des Volkes!

136

Hier entsteht zum ersten Mal in Europa der Gedanke, die gemeinsamen Offenbarungstexte, die gemeinsame monotheistische Tradition und die daraus erwachsene gemeinsame Ethik zu verlassen und etwas völlig Neues, Eigenes zu kreieren. Diese frühen atheistischen Strömungen aber verstanden sich keineswegs als frei von allen religiösen Momenten – sie formierten sich interessanterweise in Form von Gegenreligionen. Wie immer, wenn man eine kulturelle Tradition sehr gewalttätig umkehren will, entstanden dabei Turbulenzen, Gewalttätigkeiten, Bilderstürmereien und eine keineswegs kitschfreie Ersatzästhetik. In der französischen Revolution wurde ein eigener Kalender kreiert, eigene religionsartige Feste des »freien Menschen«, ein eigener Personenkult an Stelle eines Gotteskultes. Klöster und Kirchen wurden zerstört, Könige und Adlige massenweise hingerichtet, Eigentum entwendet und ein neues europäisches Imperium vorbereitet. Das alles hatte kulturrevolutionäre Züge auf dem Feld der Religion, am Ende überwogen die destruktiven Momente bei weitem das kreative Potential. Aber klar geworden war: Auch die atheistischen Gegenreligionen inszenieren sich als Religionskopie, sie greifen auf das ganze Arsenal der überkommenen religiösen Thematik und Formensprache zurück, ohne sich an dem Inhalt zu messen.

Ein ganz ähnlicher Prozeß findet dann unter dem Atheismus des beginnenden Sowjetimperiums des 20. Jahrhunderts statt. Hatte die sozialistische Bewegung in den ersten Jahren noch davon profitieren können, daß sie auch die in der orthodoxen Kirche immer unterdrückte reformerische und machtkritische Bewegung mit in ihren Reihen vertreten sah – ebenso wie freiheitsliebende Gäste aus dem Juden- und Christentum –, so wurde sie unter dem Stalinismus endgültig selbst eine Gegenreligion, die alle Grundübel der Verbindung von kirchlicher und weltlicher Macht jetzt unter umgekehrten Vorzeichen wiederholte. Stalin ließ sich nicht nur als göttlicher Vater feiern, er schaffte sich seine finsteren Politsekten und politischen Orden, er führte religionsähnliche Initiationsriten für junge Menschen ein, er pervertierte den Beichtstuhl zu öffentlichen Kritik- und Selbstkritikritualen, er nahm das Gottesurteil über Tod und Leben in die eigenen Hände, verbannte und exekutierte nach eigenem und vermeintlichem Volkeswillen. Und was an Resten von der orthodoxen Kirche übrig geblieben war, durchsetzte er mit seinen Geheimdiensten und Kollaborateuren. Damit wurde weltliche diktatorische Macht mit religiösem Glanz, religiösen Zeremonien und aufgeladenem religiösem Pomp und Pathos vergöttlicht. Nur, daß das kommunistische Manifest kein Urtext war, an dem sich dieser Macht-, Menschen- und Religionsmißbrauch hätte messen lassen. Wo der Glaube an eine höhere Instanz, einen gemeinsamen Urtext, eine Geschöpflichkeit des Menschen fehlt, da gibt es keinen gemeinsamen Maßstab mehr, an dem sich dieser Mißbrauch messen läßt. Das ist sicher nicht der einzige, aber ein sehr entscheidender Grund, warum es keine erfolgreiche Reform innerhalb des sozialistischen Systems geben konnte. Da, wo weltliche und geistliche Macht – diesmal unter umgekehrten Vorzeichen – nicht getrennt sind, gilt der geistliche Widerspruch als Landesverrat, gilt die Kritik als staatsbedrohend und wird der Diktator und das von ihm geformte Menschenbild zum Gottesersatz.

Ausdrücklich als Gegenreligion verstand sich auch der Nationalsozialismus. Das Tausendjährige Reich, das er schaffen wollte, war jedenfalls sprachlich biblisch-apokalyptischen Ursprungs. Der neue Mensch, den Adolf Hitler propagierte, war ein Ersatz für die als unvollkommen empfundene Gottesschöpfung. Die Bauten und Stadien, die Albert Speer plante, waren Sakralbauten. Die Jungmänner-Elite, die der Führer um sich versammelte, waren Orden mit missionarischem Auftrag. Das deutsche Volk wurde zum erwählten Gottesvolk. Die vorherrschende Ästhetik der Massenfeiern mit ihren Fahnen, Farben und Bildern erinnerte an eine Mischung des größten vatikanischen Pomps mit der Düsternis etruskischer Totenspiele. Das war nicht altertümlich, das war höchst modern, technisch perfekt, mit einer medialen Gleichschaltung durch die ebenfalls modernen Volksempfänger, die selbst in die privatesten Bereiche der Menschen eindrangen, zu denen bis dahin nur das Gesangbuch und die Bibel Zugang hatten. Es gehörte wesensmäßig zu diesem Programm, die bestehenden Religionsgemeinschaften nicht nur zu durchdringen und zur Kollaboration und zum Kadavergehorsam anzuhalten, sondern auch zu ersetzen. Nicht zu verkennen ist dabei auch die Kopie eines durchaus prophetischen hohen Tons, der das neue Reich, den neuen Menschen, die neue Weltordnung ankündigt.

Es war auf diese Anmaßung hin, daß die Beken-
nende Kirche mit ihren führenden Theologen Karl
Barth, Dietrich Bonhoeffer, Otto Dibelius, Kurt Scharf,
Martin Niemöller, Ernst Wilm u.a. 1935 das Barmer
Bekenntnis formulierte. Es war der Zentralangriff auf
das Gegenkirchenkonzept der Nationalsozialisten, das
sich als eigene Religion ausgab.

In der Erklärung von Barmen ist immer wieder davon
die Rede, daß keine weltliche Macht, kein weltlicher
Anspruch, keine weltliche Ordnung, kein weltliches
Ereignis das Recht hat, den Namen Gottes zu usurpie-
ren und all diesen hybriden Menschenversuchen und
fehlerhaften Geschichtsdeutungen eine göttliche Aura
zu verleihen.

Auszug aus der Barmer Erklärung

1. These

Jesus Christus, wie er uns in der Heiligen Schrift bezeugt wird,
ist das eine Wort Gottes, das wir zu hören, dem wir im Leben
und im Sterben zu vertrauen und zu gehorchen haben.
Wir verwerfen die falsche Lehre, als könne und müsse die
Kirche als Quelle ihrer Verkündigung außer und neben diesem einen Worte Gottes auch noch andere Ereignisse und
Mächte, Gestalten und Wahrheiten als Gottes Offenbarung
anerkennen.

5. These

Die Schrift sagt uns, daß der Staat nach göttlicher Anordnung
die Aufgabe hat, in der noch nicht erlösten Welt, in der auch
die Kirche steht, nach dem Maß menschlicher Einsicht und
menschlichen Vermögens unter Androhung und Ausübung von
Gewalt für Recht und Frieden zu sorgen. Die Kirche erkennt in

Dank und Ehrfurcht gegen Gott die Wohltat dieser seiner Anordnung an. Sie erinnert an Gottes Reich, an Gottes Gebot
und Gerechtigkeit und damit an die Verantwortung der Regie-
renden und Regierten. Sie vertraut und gehorcht der Kraft des
Wortes, durch das Gott alle Dinge trägt.
Wir verwerfen die falsche Lehre, als solle und könne der Staat
über seinen besonderen Auftrag hinaus die einzige und totale
Ordnung menschlichen Lebens werden und also auch die Bestim-
mung der Kirche erfüllen. Wir verwerfen die falsche Lehre, als
solle und könne sich die Kirche über ihren besonderen Auftrag
hinaus staatliche Art, staatliche Aufgaben und staatliche Würde
aneignen und damit selbst zu einem Organ des Staates werden.

Gott ist der ganz andere und schafft einen Raum von
Freiheit, auch gegenüber der Interpretation histori-
scher Ereignisse – das ist die Essenz allen Widerstands
gegen totalitäre Herrschaft, in welcher Form auch immer sie auftritt. Gott ist der ganz andere – das ist die
Essenz einer anderen humanen Sprache als jener der
Glorifizierung weltlicher Macht. Gott ist der ganz andere – das ist nicht nur die Hoffnung auf eine irgendwo
ferne Zukunft, das ist vor allen Dingen die gigantische
Hoffnung auf einen Ausweg in der Gegenwart, so
mächtig und zwingend auch immer sich ihre Herrschaft definieren mag.

Alle diese »neuen« Reiche mit ihren Gegenreligionen sind nur mit begrenzter Macht ausgestattet und
vorläufig, sind Menschenwerk und damit kritikbedürf-
tig. Das ist die Kampfansage auf das Konzept der Gegenreligionen.

Aus heutiger Sicht wird gelegentlich darüber ge-
spottet, daß die Kreise des kirchlichen Widerstandes

– die ja nicht nur in der Bekennenden Kirche zu finden waren, sondern auch im Kreisauer Kreis und in den eher konservativ ausgerichteten Kreisen des militärischen Widerstandes – zu spät kamen, zu wenig revolutionär und zu staatstreu waren. Dieser Vorwurf ist auf die Dauer nicht haltbar. Gegen ein gegenreligiöses Konzept, das sich von allen ethischen Traditionen der Religionsgeschichte abkoppelt und den Menschen selbst und seinen Führer vergöttlicht, kann man anders nicht erfolgreich vorgehen als durch den Bezug auf die gemeinsamen Wurzeln. Man muß sich auf die gemeinsame Basis verlassen, die es einmal gegeben hat, und auf die Sprache, auf die sich die Menschen vor langer Zeit einmal geeinigt haben. Nur mit dieser Vergewisserung läßt sich auf Dauer unterscheiden, ob wirklich »Gott im Kommen« ist, wenn da etwas von göttlichem Rang angekündigt und proklamiert wird und Glauben und Unterwerfung beansprucht.

Exkurs: Über die östlichen Gegenreligionen

Um die vielfältige und hochinteressante Religionsentwicklung des Buddhismus in seiner chinesischen und japanischen Ausprägung oder auch des Hinduismus und Konfuzianismus zu verfolgen, fehlt es im Rahmen dieser kleinen Abhandlung an Raum, vertiefter Kenntnis und Kompetenz. Doch auch im japanischen Faschismus gab es Züge einer politischen Gegenreligion, die sich der alten politisch-religiösen Traditionen zu bedienen verstand. Dem kam zugute, daß sich, ähnlich wie im Islam, keine zentrale Leitung und keine zentrale Schule der buddhistischen Religion herausstellte, sondern viele regionale Einzeltraditionen und Schulen nebeneinander existierten, die gelegentlich Stück für Stück von staatlichen Führern und Machtansprüchen usurpiert wurden.

In China wurde unter Mao Tse-tung das höchst eigenartige Experiment versucht, eine Gegenreligion gegen eine an sich atheistische Religion zu installieren. Das ist ja das Erstaunliche: Obwohl der Buddhismus auf Gottesbilder und Gottesvorstellungen ganz und gar verzichtet und seine Hauptbestrebungen auf die Ausprägung eines gemeinschaftstauglichen, friedvollen Verhaltens der Menschen untereinander und auf den Sieg über die Leidenschaften und die Machtambitionen des Ich konzentriert, hatte er doch alle Merkmale einer die Gesellschaft prägenden großen Religion. Er hat Religionslehrer und Religionsführer, Offenbarungstexte, ethische Regeln, eine gemeinsame religiöse Sprache und Kultur, vergeistigte Opferpraktiken und Lebensregeln hervorgebracht, genau wie die theistischen westlichen Religionen.

Es ist verblüffend, wie sehr sich Mao Tse-tung, der sowohl aus der buddhistischen, bäuerlichen wie aus der konfuzianischen Bildungstradition des vorrevolutionären Chinas stammte, darum bemühte, den Maoismus nicht etwa als westlichen Atheismus, sondern nach dem Vorbild des chinesischen Buddhismus und Konfuzianismus zu formen. Im Stadtgrundriß von Peking siedelte er die großen Gebäude der neuen Macht genau da an, wo nach den konfuzianischen, hochverfeinerten Mathematik- und Harmonielehren der Platz für den Tempel und für den Kaiser war. Er trat in der Gründungsphase des neuen China selbst immer mehr als Religionslehrer auf, er formte die Roten Garden nach dem Muster von Mönchsschülern. Er knüpfte an die alte innerbuddhistische Religionskritik am überbordenden Luxus der Lamas an, als er die alten Parteibonzen in der Kulturrevolution stürzte. Er ließ in der Peking-Oper die alte konfuzianische Tradition kopieren und mit neuen revolutionären Inhalten füllen. Er forderte Opfer für die religiös überhöhten Staats- und Parteiziele und verkündete Befreiung von allen weltlichen und moralischen Fesseln. Er wies der kommunistischen Partei genau den Platz an, den in den alten buddhistischen Gesellschaften die Mönche und im Konfuzianismus die kaisertreuen Beamten hatten. Und er forderte von jedem einzelnen bedingungslose Unterordnung unter das Kollektiv, das einmal in konfuzianischer Tradition das Maß aller Dinge und Grundbedingung der langen Dauer des Reiches der Mitte gewesen war.

5
DER GOTT
DER LETZTEN TAGE

Woher kommt das
apokalyptische Denken?

Monotheistische Weltsicht und die Sehnsucht nach
dem baldigen Ende der Welt, das ist eigentlich ein Widerspruch in sich. Man kann Zukunft nicht denken,
wenn man die Herkunft vergißt, wenn man die Anfänge nicht mitdenkt. Diese Erinnerung aber müßte
die Todessehnsucht, die eine wirkliche Sucht ist, nach-
haltig dämpfen. Wir sind nicht nur ewig Morgige, zur
Angst verdammt, sondern auch Gestrige mit der Erinnerung der guten Anfänge – das sollte die Haltung
sein, die dem Glauben an die schon geschenkten Offenbarungen am meisten entspricht. Alle Berichte von
den gelungenen Anfängen oder Neuanfängen: die
Schöpfungsgeschichte (ausformuliert im Exil!), der
neue Bund nach der Sintflut (die fast die ganze Schöpfung verschlungen hätte), der Neuanfang durch die
Zehn Gebote (nach dem Rückfall des Opferdienstes
um das Goldene Kalb), der Neuanfang Gottes mit einer schuldhaft gewordenen Welt, indem er seinen ei-

genen Sohn zur Erfüllung der eigenen Gerechtigkeitsforderungen in die Welt schickte, das alles bedeutet die Wiederholung eines guten Anfangs. Wir selbst sind also nicht Anfänger, wir fangen unsere Suche als schon Gefundene an – so hat es Dorothee Sölle formuliert. Das heißt, wir sind befreit von dem Zwang, Originale und Erste zu sein. Wir sind von einem panischen, unruhestiftenden, aber auch von einem todessüchtigen Verhältnis zur Zukunft befreit.

Was könnten die Folgen sein von einer solchen historischen Erfahrung des Gefundenseins? Heiterkeit, Gelassenheit, Gewaltlosigkeit, Gegenwartszuversicht und Zukunftsvertrauen. Ich muß die Welt nicht ins Heil prügeln, der Vorgeschmack vom eigentlichen Sinn der Welt ist doch schon da. Ich muß nicht Angst haben um meinen höchstpersönlichen Anteil am Menschenglück. Die Erwählung und das Versprechen für alle geht doch allen meinen individuellen Glücksutopien schon voraus.

Allerdings – so ergänzt Fulbert Steffensky – gibt es auch große Gefahren bei den »Herkünftlern«. Das »Es ist alles vollbracht« kann auch totalisiert werden. Es kann zu dem falschen Pietismus führen, daß in der Welt nichts Neues, nichts Aufregendes, nichts Beunruhigendes mehr geschehen könne. Ein solch religiös begründeter Konservatismus hat auch politische Folgen, er führt zur »Entwichtung der Welt« (Fulbert Steffensky). Aber die wirkliche, reale Welt behält ihr Gewicht, besonders, wenn es um Macht- und Gewalterfahrungen geht.

146

An der Gewaltfrage entscheidet sich im Kern das Verhältnis zur Welt. Wer Gewalt anwendet oder ihren Gebrauch akzeptiert, hat eine gute Zukunft eigentlich schon aufgegeben. Während Benedikt XVI. in seiner berühmten Regensburger Rede zu diesem Thema ausgerechnet die Disputation eines Papstes aus der Zeit der Islamexpansion mit einem Islamgelehrten zitiert, der diesem die kritische Frage nach der islamischen Bereitschaft zur Gewalt stellt, verweist Fulbert Steffensky demgegenüber auf eine tiefsinnige Geschichte über die permanenten Gewalterfahrungen der Juden durch die Christen aus den »Letzten der Gerechten«. Da wird von einer mittelalterlichen Disputation berichtet, zu der die Juden, vor allem in der Karwoche, immer wieder gezwungen wurden. Die Talmudgelehrten standen also vor einem Kirchentribunal und wußten genau, daß eine falsche Antwort ihren Tod bedeuten konnte. Auf die Frage des Bischofs Grotius hin sah man plötzlich Salomon Levy hervortreten:

»Schmächtig wirkte er in seinem schwarzen Gewand, und zögernd begibt er sich vor das Tribunal. ›Wenn es stimmt‹, flüstert er mit gedrückter Stimme, ›wenn es stimmt, daß der Messias, von dem unsere alten Propheten reden, schon gekommen ist, wie erklärt ihr dann den gegenwärtigen Zustand der Welt?‹ Darauf, hüstelnd vor Angst, mit einer Stimme, die nur noch ein dünner Faden ist: ›Edle Herren, die Propheten haben doch gesagt, daß bei der Ankunft des Messias das Weinen und Stöhnen aus der Welt verschwinden würde … daß Löwen und Schafe nebeneinander weiden würden, daß der Blinde geheilt sein und der Lahme wie ein Hirsch springen würde! Und auch, daß alle Völker ihre Schwerter zerbrechen, oh ja, um aus ihnen Pflugscharen zu gießen…‹ Schließlich sagte er, den König Ludwig traurig anlächelnd: ›Ach, was würde man sagen, Sire, wenn ihr vergäßet, wie man Kriege führt?‹ «

Die unerlöste, die kriegerische Welt der Kreuzzüge, der kolonialistischen Eroberungen, der modernen Weltkriege ist also für viele ein Zeichen dafür, daß der Messias noch nicht gekommen sein kann – sonst würden ja die Schwerter alle längst zu Pflugscharen geworden sein, sonst würde die Welt erlöster erscheinen.

Schon die erste Christenheit, die ihre ganze Berechtigung aus dem einzigartigen Wissen bezog, daß das Gottesreich schon da ist, daß alles, was man von ihm wissen müsse, in Jesus Christus offenbart sei und daß es nunmehr keiner weiteren Offenbarungen bedarf – schon die frühe Christenheit hatte Schwierigkeiten mit der dementsprechenden Heiterkeit, Gelassenheit, Gewaltlosigkeit, Gegenwartszuversicht. Zu dicht war die Erfahrung der Folter und die Angst vor den Verfolgungen, zu flüchtig war die pfingstliche Erfahrung der Geistesvollmachten, zu heftig der Konkurrenzstreit mit der anderen, der ursprünglichen monotheistischen Religion der Juden, zu bedroht war die Minderheitenexistenz am Rande des mächtigen römischen Weltreiches.

Nicht nur aus der Position eines Konservatismus und Pietismus kann man zur Entwichtung jener Welt kommen, die doch eigentlich schon erlöst ist. Auch eine zu radikale Minderheitenerfahrung kann zu sektiererischen Positionen der Weltverneinung führen.

Schon in Teilen der frühchristlichen Gnosis findet sich die Vorstellung einer Entmaterialisierung der Welt, eine Reduzierung der Schar der Erwählten auf die »Heiligen der letzten Tage«, auf den »Heiligen Rest«. Und je intensiver die Verfolgungszeiten waren, um so mehr steigt ein apokalyptisches Fieber an, eine fast nötigende Erwartung, daß der Gott, der sich in Jesus Christus endgültig offenbart hat, doch ganz bald wieder kommen möge, um die Seinen aus dieser Welt der Sünde, der Unterdrückung und der Folter zu befreien und möglichst die ganze böse Welt dabei mit abzuurteilen.

So gefährlich dieses Denken sein kann – und es ist gefährlich –, es gibt wenige Gründe, sich über diese Hitzigkeit arrogant zu erheben. Es sind meist unmenschlich harte, den Menschen bedrängende Zeiten, in denen dieser große Wunsch zunimmt, Gott möge noch einmal erscheinen, sich endgültig offenbaren und damit den Seinen eine Heimat schaffen, die es auf dieser Erde einfach nicht gibt. Diese Art von Todessehnsucht für die ganze Welt gibt es in allen Weltreligionen, ob sie nun vom kommenden Jerusalem, von der Ewigen Stadt, vom kommenden Paradies der Moslems, in dem die Jungfrauen auf die Kämpfer der letzten Schlacht warten, träumen, oder gar vom letzten finalen Weltgericht, in dem die Guten von den Bösen endlich auf ewig getrennt werden. Es sind dies alles Fieberträume einer Welt, in der das Leben zu hart geworden ist.

Aber klar ist auch: Je größer die Visionen von der Zukunft Gottes, um so mehr Entheimatung gibt es auf dieser real existierenden Erde. Je intensiver das Hoffnungsfieber, daß diese Welt bald ihrem Ende zugeht, um so stärker ist das Ungetröstetsein in der Welt. Der Gedanke des »Kommens Gottes« ist die stärkste Unruhestiftung, die sich denken läßt. Er stellt die faule Gegenwart unter Verdacht und begrenzt ihre Allmacht. Von daher ist das Reden von dem »Kommen Gottes« oft nicht mehr als der Schrei der Unterdrückten und Gequälten – so war es für das Volk Israel in der ägyptischen Knechtschaft, in der babylonischen Gefangenschaft, so war es auch für die jungen Christen in den Kerkern des römischen Imperiums. Aus solchen Unterdrückungs- und Diskriminierungserfahrungen und Vernichtungsängsten kamen die ersten zionistischen Bewegungen, die die Rückkehr der Juden in ihr Ursprungsland vorbereiteten. Sie waren auch zu hören im Schrei der armen Leute, der in die Theologie der Befreiung im kolonialistisch verwüsteten Lateinamerika einging. Und es gibt auch solche Untröstbarkeiten in den Teilen des Islam – insbesondere in Palästina –, der die Unterdrückung, die Ehrlosigkeit und die Aussichtslosigkeit seiner weltpolitischen Lage nicht mehr meint ertragen zu können. Fast immer, wenn man apokalyptische Texte in den Urquellen liest, liegt eine solche Untröstbarkeit mit dem realen Zustand der Gegenwart und ihren Ordnungen, liegen unerträgliche Gewalterfahrungen und Kränkungsgefühle diesen Texten zugrunde.

Der »Gott, der kommt«, der Gott solcher apokalyptischen Texte, ist ein großer Unruhestifter. Soviel

Leidenserfahrung geht in diesen Gott ein, so viel weltumstürzende und weltbeendende Hoffnung, daß dies eine ganz besondere Energie erzeugt, die tatsächlich auf den Untergang der Welt zielt. Deswegen ist es außerordentlich wichtig, darüber zu diskutieren, welches Gottesbild hier eigentlich gemeint ist, wenn von dem Gott berichtet wird, der die Welt, die wir kennen, zu ihrem Ende bringt. Diese Gottesbilder finden wir in den Texten, die von der Apokalypse, von der Offenbarung der letzten Dinge, handeln.

Die Offenbarung des Johannes – der apokalyptische Urtext

Apokalypsen sind zunächst Schriften, die Aussagen über die Zukunft machen. In der Regel benutzen sie dafür eine verschlüsselte Bildersprache, die auf eine geheimnisvolle Offenbarung, eine Vision, zurückgeführt wird. Anders als die Propheten, die als einzelne gegen einen mächtigen Herrscher oder eine mächtige Priesterschaft in der Gegenwart auftreten, beschäftigen sich die Apokalyptiker mit einem zukünftigen Verlauf der Welt, um ihrer Glaubensgemeinschaft als bedrängtem Kollektiv Zukunftsmut und Gewißheit zu vermitteln. Die ältesten Texte der Bibel mit apokalyptischen Bildern finden wir bei Jesaja und ausdrücklich im alttestamentlichen Danielbuch. Hier gibt es die große Traumvision des Nebukadnezar (Dan 2, 31-45) und eine Tiervision des Daniel (Dan 7). Das Danielbuch stammt aus dem 2. Jahrhundert vor Christus, einer politischen Notsituation unter der Herrschaft der Seleukiden, unmittelbar vor dem Makkabäeraufstand. »Apokalyptische Literatur ist nicht selten politische Untergrundliteratur« (Johannes Beutler). Sie benutzt die allegorische Form von Fabeln, Tieren, Zeichen am Himmel. Diese Zeichen, die nach einer Deutung verlangen, vermittelt der apokalyptische Seher seiner Gemeinde, damit sie in schwerster Verfolgungszeit durchhält.

Der neutestamentarische Urtext der Apokalyptiker ist die Offenbarung des Johannes, datiert etwa um das Jahr 95 n.Chr., in die letzte Phase der Regierungszeit des römischen Kaisers Dometian (81 bis 96 n. Chr.). In diesem Zeitraum wird von den Christen massiv der Kaiserkult eingeklagt, was zu einer unmittelbaren Todesbedrohung für die jungen christlichen Gemeinden in Kleinasien zu werden drohte, die sich dagegen wehrten, den Staat und seinen Kaiser zum Gott zu erklären.

Daß es sich um eine Trostschrift für verzweifelnde Gemeinden in schwerster Zeit handelt, ist schon durch die Briefform der Offenbarung des Johannes deutlich. Ähnlich wie in den Briefen des Apostels Paulus geht es also darum, die Zuversicht und die Kraft der Gemeinden zum Durchhalten zu stärken.

Es sind bestimmte Bilder in den Visionen des Sehers Johannes, die immer wieder im Laufe der Kirchengeschichte neu interpretiert und gedeutet wurden. Da ist zum einen der geweissagte Untergang der »Hure Babylon«, also die Prophezeiung des Unterganges eines verderbten Weltreiches. Zur Zeit der Entstehungsgeschichte der Apokalypse des Johannes war dieses ganz sicher eine Chiffre für die Reichshauptstadt Rom, von der der Seher prophezeit, ihr Untergang stehe unmittelbar bevor. Darüber sollten sich alle, die von ihr gequält und geknechtet wurden, freuen! In späteren Epochen wurde diese »Hure Babylon« zum Beispiel von Martin Luther in Bezug auf das Luxusleben der Päpste in Rom interpretiert. Aber auch andere, die

Menschen bedrängende Weltreiche boten sich an, die »Hure Babylon« mit Gegenwartsfleisch zu versehen.

Von besonderer Bedeutung ist daneben die Prophezeiung eines neuen, eines himmlischen Jerusalems (Offb 21). Hier wird auf ein Bildmaterial des Ezechiel-Buches (Kap. 40-48) zurückgegriffen, in dem ebenfalls ein »Neues Jerusalem« angekündigt wird, in dem sich irdische und Endzeitgeschichte miteinander verbinden. Daß nicht nur an ein »Neues Jerusalem« im Jenseits einer himmlischen Ewigkeit gedacht wird, liegt auch bei Johannes nahe, lag die historische Zerstörung des Tempels in Jerusalem doch erst wenige Jahrzehnte zurück. Zwar werden bei ihm die 144 000 Gerechten, der »Heilige Rest«, zum Himmel entrückt, doch das neue Jerusalem kommt auf die Erde. Es verbindet sich hier mit dem Motiv der Völkerwallfahrt zum Berg Zion (Offb 21, 24-27), die schon von dem Propheten Jesaja (Jes 60, 3 u. 11) angekündigt wurde. Natürlich ist auch dieses ein endzeitliches Motiv, das aber doch eher auf die letzte Phase der irdischen Geschichte Gottes mit seinem Volk hindeutet. Der Jesuit Johannes Beutler weist übrigens darauf hin, daß die altchristlichen Künstler in den frühesten römischen Kirchen die beliebten Motive des himmlischen Jerusalems direkt in der Apsis des Altarraumes dargestellt haben, und damit »die frühe Rezeption der Apokalypse die Vision des himmlischen Jerusalem auf die kultische Gegenwart gedeutet hat und nicht auf eine ferne Zukunft nach dem Ende der Geschichte«.

Noch stärker hat der Neutestamentler Dieter Georgi bei der Johannesoffenbarung betont, daß es hier um eine Vision geht, die zwar einen endzeitlichen Charakter hat, aber auf eine Stadt zielt, die eine konkrete Menschheitsutopie sein könnte. Das Jerusalem der Offenbarung des Johannes liegt nicht auf dem strahlend erhöhten Berg Zion (Psalm 48, Ezechiel 40, 2), sondern in einem Tal. Die Stadt ist nicht von unbezwingbaren Mauern umgeben, sondern ihre Tore werden nie verschlossen. Insofern handelt es sich (obwohl apokalyptisch geredet wird), doch in der Zielsetzung um eine Anti-Apokalypse: Die himmlische Welt wird auf die Erde herabgezogen. So wird nur verständlich, daß sogar mit den Mitteln der Architektur und der Raumordnung das irdisch gewordene Terrain für dies neue Jerusalem beschrieben wird: Es mißt 12000 Stadien, das heißt circa 2280 Kilometer. Es entspricht also in etwa den Größenvorstellungen, die die Antike vom gesamten Mittelmeerraum hatte. Dieses Jerusalem ist fast so etwas wie die Vision einer Weltstadt, zu der die Völker pilgern, in der die Vielfalt der Kulturen beheimatet ist, in der das Wasser des Lebens, der Baum des Lebens zu finden sind, dessen Blätter und Früchte »zur Heilung der Nationen« dient (Offb 22, 1 f.). So wird diesem Offenbarungstext nicht nur zugetraut, daß er das Gottesvolk in schwieriger Zeit tröstet und zum Durchhalten ermutigt, sondern vielmehr, daß er gerade in dieser Notzeit die Visionen für eine humane Stadt, eine friedliche Stadt aller Völker, eröffnet.

Von großer Bedeutung für die Visionen des Johannes und ihre spätere Deutung sind die Tiere und Tiersymbole, die er aufzählt. Im Zentrum steht dabei das Lamm (Offb 4-5). Das Lamm ist einerseits Symbol des Opferlamms, das stellvertretend für alle bitter erfahrene Gewalt steht. Gleichzeitig ist es für den Visionär die Ankündigung der Umkehrung aller Werte. Das Opfer selbst wird der Herr der Geschichte sein, es allein ist befugt, die sieben Siegel des Buches der Geschichte zu öffnen, die niemand sonst öffnen darf. Das Lamm, das unschuldigste aller Tiere, wird zum Sieger über seine Gegenspieler, so beispielsweise das zweite Tier, das auch wie ein Lamm aussieht, aber in Wahrheit ein Drache ist (Offb 13). Dieses Zwitterwesen ist ganz offensichtlich das römische Kaisertum. Schließlich ist das unschuldige Lamm auch auserkoren, den Sieg über die zehn Könige, die die Stadt auf den sieben Hügeln, die die Widersacher-Stadt Rom repräsentieren, zu erringen.

Das Lamm wird auch im Zentrum der großen Abschlußvision der Offenbarung geschildert, wo von dem neuen Himmel und der neuen Erde und vom himmlischen Jerusalem, das auf die Erde zu den Menschen herabkommt, die Rede ist (Offb 21-22). In dieser heiligen Stadt der Endzeit gibt es keine Tempel mehr – womit die uralte Kritik am Tempelbau wieder aufgegriffen wird. Gott wohnt nicht in Tempeln! Gott und das Lamm sind Zentrum und Mitte der Stadt. Von ihrem Sitz geht der Strom lebendigen Wassers aus, eine Wüstenvision für fast Verdurstende.

»Vermutlich liegt die Aufgabe des visionären Textes des Johannes nicht sehr weit von der des Propheten Ezechiel entfernt: Einem Volk, das dem Tod geweiht schien, soll mit solchen Bildern Mut für die Bewältigung seiner Prüfung geschenkt werden. Nicht die widergöttlichen Mächte, sondern Gott bzw. das Lamm sind die Mitte der Geschichte und führen sie zur Vollendung« (Johannes Beutler).

Damit soll ausgesagt werden, daß trotz aller erfahrenen Verfolgung und allen Unglücks Gott stärker ist als alle Mächtigen dieser Welt, gerade auch als die, unter denen die Mitglieder des Gottesvolkes so sehr leiden. Darum ist die Hoffnung nicht grundlos und die Treue zu dem Gott der Offenbarung keine Torheit – das ist die Grundbotschaft der Visionen der Apokalyptiker.

Textverweise:

Johannes Beutler SJ, *Die Botschaft der Apokalypse angesichts ihrer fundamentalistischen Deutungen* (Manuskript).

Dieter Georgi, *The city in the valley. Biblical interpretation and urban theology*, Atlanta 2005 (studies in biblical literature 7)

Lukas Bormann, *Dieter Georgi – Bleibende Herausforderungen seiner urbanen Theologie* (Vortrag in der Evangelischen Akademie Arnoldshain am 18.11.2006)

Ketzer und Apokalyptiker im Mittelalter

»Wie kommt es, daß aus dem Hoffnungswort »Apokalypse« eine Katastrophenmetapher und aus dem Erwartungsbegriff »Eschatologie« eine Vertröstungsmetapher werden konnten?«, so fragt Jürgen Ebach.

»Daran schließt sich die weitere Frage an, ob apokalyptisches Denken und eschatologischer Glaube die bestehenden Verhältnisse stabilisieren oder eine kritische bis revolutionäre Kraft gegen den »status quo« enthalten. Zugespitzt formuliert: Führen solches Denken und solcher Glaube in die Politik hinein oder aus ihr heraus?«

Im Geiste der Offenbarung des Johannes, so hatten wir gesehen, bedeutete das Wort Apokalypse nicht eine Geschichtsspekulation über eine kurz bevorstehende übergroße Weltkatastrophe, sondern die Enthüllung des Geheimnisses, daß die Zeit des Wartens für die Gemeinde in großer Bedrängnis nicht ewig dauern wird. Erst mit großem Abstand zu der urgemeindlichen Erwartung der baldigen Wiederkunft des so schmerzlich vermißten Gottessohnes geriet die bildreiche Sprache des apokalyptischen Trostbriefes in eine andere dogmatische Form, sie wurde zur theologischen Futurologie, die nicht nur eine veränderte, sondern eine gänzlich andere Welt ankündigte. »Werden biblische Apokalypsen als Aussagen über Faktizitäten (miß)verstanden, gerät die Apokalypse zu einer Zeitreportage oder zu einem Plan der Weltgeschichte« (Jürgen Ebach).

Genau an einem solchen Fahrplan bestand in den vielfältigen religiösen, politischen und sozialen Verwerfungen der mittelalterlichen Welt ein gesteigertes Bedürfnis. Das säkuläre Imperium war ja nach dem Zusammenbruch des Römischen Reiches und durch die immer erneuten wechselnden Kämpfe um deren Nachfolge in große Unordnung geraten. Die kirchliche Macht hingegen durchlief ihre eigenen Turbulenzen, teils auf Grund der großen theologischen Streitigkeiten, teils auf Grund des großen Kirchenschismas mit der Ostkirche, nicht zuletzt aber durch den Verlust der ruhmreichen biblischen Ursprungsorte Jerusalem, Bethlehem, Nazareth, die das sich ausdehnende muslimische Weltreich in Besitz genommen hatte. In diesen Zeiten, die weitgehend als Niederlage und extreme Verunsicherung erfahren wurden, blühte das Geschäft mit den schnellen und sicheren Wegen zum Heil, wie z.B. der Reliquienhandel, die Pilgerfahrten und der Ablaßhandel. Es grassierten aber auch die verschiedenen Mythen und Spekulationen über den voraussichtlichen Ablauf der Zukunft. War schon die Gegenwart unsicher und chaotisch, so sollten wenigstens der Plan für den Ablauf der letzten Tage und der eigene Platz im Himmel gewiß sein. Besondere Hochkonjunktur für solche Spekulationen gab es an Jahrhundert- und Jahrtausendwenden, nach großen Kriegen, nach Naturkatastrophen, nach dem Ausbrechen der Pest. Alles, was das Fassungsvermögen der Menschen überstieg, alle Ängste, denen die Völker innerlich kaum standhalten konnten, taugten zum Anlaß, den apokalyptischen Endzeitkalender für eröffnet zu erklären.

Die erste radikale Gruppe dieser Art tauchte im 10. Jahrhundert in Bulgarien auf. Es war die Gruppe der sogenannten Bogomilen, die sich dann über 200 Jahre im ganzen Abendland ausbreiteten, später wurden sie die »Katharer« (die Reinen) genannt oder auch im Westen die »Albigenser«. Sie alle, wie auch die »Waldenser« des späten 12. Jahrhunderts und nach ihnen die »Beginen«, vertraten ursprünglich nur ein erneuertes Armutsideal auf der Basis des Lebens der ersten Christengemeinden: Auch Laien durften predigen, fromme Gemeinschaften prägten den Tagesablauf, das Abendmahl wurde, manchmal sogar täglich, in beiderlei Gestalt, mit Brot und Wein, gefeiert, Erwachsene getauft und untereinander eine intensive Wander- und Begegnungstätigkeit gepflegt; so wartete man inbrünstig auf den wiederkommenden Christus.

Machtstrategisch antworteten Papst und Kurie – die nach der Jahrtausendwende fast die uneingeschränkte Herrschaft über das Abendland erlangt hatten – darauf mit einem doppelten Konzept: mit den Kreuzzügen und mit der Inquisition. Zwar gelang es zwischen 1095, als Papst Urban II. auf der Synode zu Vermont praktisch alle christlichen Nationen zu den Kreuzzügen zwangsverpflichtete, bis zu dem 7. Kreuzzug im Jahre 1270 nur vorübergehend, Jerusalem und die heiligen Stätten wieder unter christliche Oberhoheit zu bringen. Um so mehr aber hatte das Papsttum damit ein Instrument gefunden, seine wichtigsten Widersacher der weltlichen Macht – Kaiser Barbarossa, König Richard Löwenherz, König Philipp II. von Frankreich, Kaiser Friederich II, König Ludwig IX. von Frankreich – in den heiligen Krieg der damaligen Achse der Guten zu verstricken, dadurch zu schwächen und von einer vernünftigen Friedensverwaltung in ihren eigenen Ländern abzuhalten. Militärisch waren all diese Feldzüge der coalition of the willing hochgefährlich, niederlagenträchtig und verlustreich. Das traurigste Beispiel aus dieser Zeit ist der geradezu unheimliche Kinderkreuzzug des Jahres 1212, wo Tausende von Kindern und Jugendlichen mit einem glühenden Idealismus, aber mit desaströser Kleidung und Ausrüstung, durch Schnee und Sturm über die Alpen wanderten, um Jerusalem zu erreichen. Skrupellose apokalyptische Wanderprediger hatten ihnen gesagt, dort stünde die Wiederkunft Christi unmittelbar bevor. Die meisten Kinder starben schon auf dem Wege. Als die letzten das Mittelmeer erreichten, wurden sie von muslimischen Händlern auf die Boote gelockt und in die Sklaverei verkauft.

Die Mobilisierung für den vermeintlich notwendigen Kreuzzug in eigener Sache war die eine Methode, mit der die letzte verbleibende Supermacht der damaligen Zeit, das Papsttum, den Kritikern in den eigenen Reihen, den sozialen Aufrührern und den wachsenden

Unabhängigkeitsbestrebungen der weltlichen Macht eine Aggressionsadresse bot. Im Innern griff sie zunehmend zu dem Mittel militanter Inquisition. Und auch hier war der charismatische Neokonservative der damaligen Zeit, Bernhard von Clairvaux, der einmal als Reformer der clunyazensischen Bewegung begonnen hatte, hilfreicher Stichwortgeber. Waren bis dahin die Bekämpfung sozialer Unruhen und kritischer Köpfe eher der weltlichen Macht zugeordnet worden, die die vom Papst verhängte Acht und Bann zu vollstrecken hatte, so entfesselte im Jahre 1209 Papst Innozenz III. selbst die grauenvollen Albigenserkriege gegen die sogenannten Ketzer Südwest-Frankreichs. Im Jahre 1231 aber erklärte Papst Gregor IX. die päpstliche Inquisition und die Todesstrafe für Ketzerei für rechtens geboten und beauftragte damit eigene kirchliche Vollstreckungsinstanzen.

Wie immer, wenn man den totalen Krieg in kulturellen und geistigen Fragen erklärt, kleidet sich dieser in die Obsession des finalen Endkampfes zwischen der Phalanx der sogenannten Guten gegen die Mächte des Bösen, der Finsternis, des Satans. Diese Kriegserklärung führte bei den weitgehend eher harmlosen Bettelmönchen, Armutsgemeinden und bruderkirchlichen Bewegungen zur besessenen Fiktion, daß nun auch für sie die letzte Entscheidungsschlacht um das Heil begonnen habe. War es ein Jahrhundert zuvor noch gelungen, die Franziskanermönche des pazifistischen Franziskus von Assisi in den kirchlichen Organismus friedlich einzugliedern, so vereinigten sich jetzt Teile der Franziskaner mit den Resten von Katharern, Albigensern, Waldensern zu den »Spiritualen«, die unter dem Einfluß der theologischen Lehre von Joachim von Fiore gerieten. Joachim hatte die biblischen Schriften als Hinweis auf eine trinitarische Geschichtstheologie gedeutet, die die Abfolge von drei Zeitaltern proklamierte: Nach dem Alten Testament, das Gott, den Vater, offenbart habe, nach dem Neuen Testament, das Gott, den Sohn, verkläre, würde nun das mönchisch-spirituelle Zeitalter des Heiligen Geistes anbrechen; es werde die verfestigte Klerikerkirche ablösen, so wie diese einst die Synagoge abgelöst habe. Den Beginn dieses Geistzeitalters, das dann auch das Ende der römischen Kirchenherrschaft bedeuten würde, datierte Joachim genau auf das Jahr 1260. Um diese Wendezeit bis zur Ankunft des Geistes vorzubereiten, überzogen große Geißler-Wallfahrten alle Länder des Abendlandes. Sie sorgten für erregte Erwartungen und Verzückungen, wo immer sie hinkamen.

Auch die Nachfolger des Joachim von Fiore mußten erfahren, daß apokalyptische Prophetie immer irrtumsanfällig ist und daß sie allen Konfliktparteien zum Ge- oder auch Mißbrauch offensteht. Das teilt sie mit allen früher geweissagten Geschichtstheologien. So hatte das alttestamentliche Daniel-Buch eine Abfolge von sogar vier Weltreichen prophezeit, gedeutet als das babylonische, medische, persische, griechisch-hellenistische Reich.

»Für die Adressaten der Zeit ... verbürgt das Ende mit Schrek-
ken wenigstens keinen Schrecken ohne Ende. Denen, die
nichts zu verlieren haben, wird der angesagte Abbruch aller
bestehenden Herrschaft zur Hoffnung. Das vierte Reich (der
Griechen) ist (für die spätere Deutung – A.V.) zugleich Höhepunkt und Ende der Gewaltherrschaft. Der weitere Verlauf
der Weltgeschichte wurde jedoch für diese Lektüre zum Problem. Denn nach dem Reich der Griechen kam nicht das Gottesreich, sondern das der Römer. Weil die Bibel nicht irren
konnte, zog man in einer kleinen, aber folgenreichen Veränderung der Interpretation die Reiche der Meder und Perser zu
einem zusammen und schaffte so Raum für ein Viertes, das
Römische Reich. Dieses aber wurde so zum letzten der Weltgeschichte. So sieht es die Johannesoffenbarung in der Re-
Formulierung der Danielvisionen. Mit der veränderten Lage
der Christen im Römischen Reich, das (seit Konstantin und
Theodisius) christlich wurde, änderte sich die Lektüre erneut.
War zuvor die Apokalypse Ausdruck der Hoffnung auf den
Abbruch der Weltgeschichte und den Anbruch des Gottesreiches nach den Schrecken der Endzeit, so garantierte nun allein die Fortdauer des Römischen Reiches Schutz vor den
Schrecken der Endzeit. So wurde es ... zum Imperium sine
fine, zum Reich ohne Ende. Das ist ein Grund für den Primats-
anspruch Roms in der Geschichte der Kirche, deren katholi-
sches Oberhaupt den römischen Priestertitel ›Pontifex Maxi-
mus‹ beerbt, den schon Cäsar trug. Das ist ebenso Grund der
Fortdauer Roms im ›Heiligen Römischen Reich Deutscher Nation‹, in Moskau als dem ›Dritten Rom‹, in den USA als ›Er-
ben Roms‹ ... Aus den ›5 Minuten bis 12‹ wurden unter veränderten Interessen die Jahrhunderte der Imperien; aus der
biblisch verbürgten Hoffnung, daß es nicht immer so weiter-
gehe, die in neuer Lektüre biblisch verbürgte Gewißheit, daß
die Welt bestehe, solange das Römische Reich bestehe ...«
(Ebach)

... wer auch immer den Anspruch erhob, legitimer Nachfolger jener römischen Weltherrschaft zu sein.

Es war dieser zusätzliche Heiligenschein der geschichtstheologischen Finalität, den fortan jeder attackieren mußte, der versuchte, die so göttlich überhöhte Macht zu kritisieren und in ihre Schranken zu weisen. Wir haben schon erwähnt, daß auch Martin Luther nicht umhinkonnte, den Papst in Rom als die »Hure Babylon« aus der Offenbarung des Johannes zu identifizieren, damit er dessen Anspruch bestreiten konnte, das vierte von Gott gesegnete Weltreich von ewigem Rang zu sein.

Die eschatologisch gefärbte Geschichtstheologie beschäftigte noch jahrhundertelang die Interpretationen von kirchlicher und weltlicher Geschichte. Sie hat auf ihrem Höhepunkt Millionen Menschen zu Opfern der Kreuzzüge, der Inquisition und fanatischer Obsessionen gemacht. Ihr Ende fand sie erst, als die grundlegende Trennung von weltlicher und kirchlicher Macht ohne Ewigkeitsanspruch dauerhaft festgeschrieben wurde. Erst damit eröffnete sich erneut die Möglichkeit, die Freiheit des Glaubens in kirchlichen und weltlichen Zusammenhängen zu leben, die beide ihre Grenzen kennengelernt hatten. Und sei es nur dadurch, daß sie beide in den Abgrund geschaut hatten, der immer auf üppige Omnipotenzphantasien folgt.

Alle Zitate aus: Jürgen Ebach, *Eschatologie/Apokalypse, i*n: Neues Handbuch Theologische Grundbegriffe, München 2005.

Apokalyptiker der Gegenwart
– Weltmacht, Ohnmacht
und gefährliches Denken

Im Gegensatz zu den östlichen Kulturen und Religionen, die sich besonders der im einzelnen selbst verankerten Gewaltpotentiale und Leidenschaften widmen, waren die monotheistischen Religionen und Kulturen immer durch einen missionarischen Eifer gekennzeichnet. Die Welt war nicht einfach erlöst, sie mußte auch, und sei es mit Gewalt, erlöst werden. Die Ankunft des Gottes hatte immer zu wenig Zeit, zu wenig heitere Geduld, immer mußte ihr mit apokalyptischer Ungeduld nachgeholfen werden – und sei es mit irdischer Macht. Das Moment der Beschleunigung, der Überwältigung, der Überrumpelung und der Unterdrückung anderer Überzeugungen liegt einem so religiös motivierten Aktivismus sehr nahe. Die Macht legt sich dazu oft die Maske des Rechts an. Der zu Überwältigende wurde zum Heiden, zum Ungläubigen, zur Achse des Bösen, zum Moralisch-Verkommenen erklärt. Das gab den Überrumpelungen einen Anschein von Recht und Berechtigung, ja gelegentlich auch von Gottesauftrag und Gotteswille. Diese Überwältigung in vermeintlich göttlichem Auftrag ist damit auch der fatalste Kurzschluß in der Verschmelzung politischer und religiöser Machtansprüche.

166

Das alles warnt uns zur äußersten Vorsicht im Gebrauch der apokalyptischen Rede, insbesondere, wenn sie in politischer Absicht gebraucht wird. Schon bei den diversen politischen Gegenreligionen hatten wir eine Usurpation religiöser Formen, Denk- und Sprachstile festgestellt. Das läßt sich leicht ins Apokalyptische steigern. Schon unter dem Stalinismus bedeutete der Redestil des »Letzten Gefechts« die Vernichtung einer Gegenwart und der existierenden gesellschaftlichen Kulturen zugunsten eines kommenden, jetzt säkularen, aber doch pseudo-religiös überhöhten Reiches. Auch der Nationalsozialismus dachte in solchen apokalyptischen Formulierungen, wenn er die bestehende europäische Welt zugunsten des kommenden »Tausendjährigen Reiches« vernichten und seine Stadt auf dem Berge: Germania, das neue Jerusalem, errichten wollte. Auch er fand die Welt nicht überlebenswürdig, wenn der eigene Untergang unumgänglich war.

Besonders beunruhigend ist, daß die aktuellen Gegenwartskrisen nach der großen Zeitenwende 1989/90, insbesondere im Nahen Osten, zunehmend apokalyptisch gedeutet werden.

»So schrieb der amerikanische Prediger Jerry Falwell in seiner wöchentlichen Kolumne: ›Es ist ganz offensichtlich, daß die aktuellen Ereignisse im Heiligen Land sehr wohl Auftakt und Vorbote der Schlacht von Armageddon und damit für die glorreiche Rückkehr Christi sind.‹ Diese Zeilen sollte man mit einem leicht jubilierenden Unterton lesen, denn der Apokalyptiker amerikanischer Provenienz unterscheidet sich vom landläufigen europäischen Pessimisten vor allem dadurch, daß er in der Apokalypse nicht das Ende der Welt, sondern die Erlösung sieht.

Vor allem die Rückkehr der Juden nach Israel gilt als eindeutiges Zeichen, weswegen amerikanische Protestanten wie Jerry Falwell das israelische Staatsgründungsdatum des 18. Mai 1948 als wichtigstes historisches Datum seit der Geburt Christi ansehen (und somit als endgültiges Anfangsdatum der damit bereits berechenbaren Schlußphase dieser sündhaften Welt – A.V.). Das wiederum hat dazu geführt, daß derzeit laut Umfrage mehr amerikanische Protestanten als amerikanische Juden hinter der Politik der Härte Israels stehen. Fundamentalistenkirchen haben Solidaritätsorganisationen für Israel gegründet und spenden Millionen Dollar, denn nur die sichere Rückkehr der Juden ins Heilige Land kann die Wiederkehr Christi vorbereiten, glauben sie. Die Tsunami-Katastrophe, Hurrikan Katrina, die Erdbeben in Iran und in der Türkei sowie die Vogelgrippe sind demnach allesamt der Beginn der tödlichen sieben Jahre. Der Krieg im Libanon aber stellt ihrer Auffassung nach den Beginn der Schlacht von Armageddon dar, die in direkter Umgebung von Jerusalem beginnen soll und nach Meinung einiger Apokalyptiker in einem Atomkrieg mit Iran gipfeln wird, der mit Mahmud Ahmadinedschad den Antichristen zum Präsidenten (den Drachen – A.V.) gewählt hat.

Im Antichristen Mahmud Ahmadinedschad haben die protestantischen Apokalyptiker übrigens einen Bruder im Geiste gefunden. Der glaubt nämlich gemäß den schiitischen Lehren seines geistlichen Mentors Ayatollah Mohammed Taghi Mesbah Yazdi, daß die Zerstörung Israels und die folgende Apokalypse der Rückkehr des Madhi, des seit rund eintausend Jahren verschollenen 12. Imams, und damit dem weltweiten Sieg des Islam vorausgehen wird. So ähneln sich die messianischen Sehnsüchte.

(Andrian Kreye, *Das jüngste Gerücht*, in: Süddeutsche Zeitung 27.07.2006)

Rund 80 Millionen aller Amerikaner bezeichnen sich als »Wiedergeborene Christen«, rund 40 Prozent aller US-Bürger gehören einer evangelikalen Kirche an. Es begann in den 70er Jahren, als Konzept einer »moral majority«, die auf die Erfolge der Bürgerrechtsbewegungen um Martin Luther King ihrerseits eine religiös aufgeladene Kampagne startete, bei der Pastoren wie Jerry Farewell, Pat Robertson, Ted Haggard und Robert Grant eine Rolle spielten. Mit der Regierung um George W. Bush jr. erhielt dieser charismatisch aufgeladene Politikstil Zugang zu den zentralen Machtpositionen in Washington. Rationale Herrschaft wurde in charismatische Herrschaft überführt. Als Ziel galt, nach dem Zusammenbruch des gottlosen Systems des sowjetischen Sozialismus eine neue weltweite Zivilisation jener Werte zu installieren, für die »Gods own country«, Amerika, das Vorbild war. Die Geschichte der großen weltgeschichtlichen Wende nach dem Ende des kalten Krieges schien diesem Konzept recht zu geben. Hatte nicht die demokratische Elite aller posttotalitären Staaten gerade Amerika, seine Werte, die Menschenrechte, die kapitalistische Marktwirtschaft und die NATO gewählt, und zwar freiwillig? Mußte man nicht dem kleinen Rest der Welt, der im Chaos zu versinken drohte, auch endlich die Segnungen und die Führungskompetenz jener größten Macht zukommen lassen, die durch den geschichtlichen Verlauf von Gott selbst als berechtigter Sieger dieses welthistorischen Prozesses bestätigt war?

Auch in anderen Weltregionen ist vieles in Bewegung. Innerhalb der letzten 40 Jahre hat sich in Lateinamerika eine erstaunliche Veränderung im Bereich der Religionszugehörigkeiten entwickelt. 17-20 Prozent des früher rein katholischen Kontinents gehören inzwischen schon zu protestantisch geprägten fundamentalistischen Kirchen, dabei zählen sich rund 80 Prozent aller protestantischen Religionsgemeinschaften in Lateinamerika zu den Pfingstbewegungen. In den bevölkerungsreichsten Ländern Chile, Brasilien, Guatemala sind es sogar ein Drittel der Bevölkerung. Die fast 500 Jahre während Monopolstellung der katholischen Kirche ist zerbrochen. Rios Montt, der sich 1982 in Guatemala an die Macht putschte, war ein wiedergeborener Christ, war bekennender Anhänger einer Pfingstkirche, wurde der erste protestantisch fundamentalistische Präsident eines lateinamerikanischen Landes – in den Fernsehshows des Fernsehpredigers Pat Robertson war er ein gern gesehener Gast.

Politisch und kirchenpolitisch gesehen sind diese Pfingstkirchen eine Reaktion auf die religiösen Armutsbewegungen in Lateinamerika infolge der Theologie der Befreiung der 60er und 70er Jahre. Auch sie sammeln die Armen, für die sie gewaltige Geldsummen aus dem amerikanischen Mutterland organisieren. Sie sind streng antikommunistisch, unterstützen außenpolitisch ein militärisch starkes Amerika als Schutzmacht des christlichen Westens. Ihr Bibelverständnis ist wortgetreu, bis hin zu einem Schöpfungsglauben nach der Ordnung der Genesis-Erzählungen. Sie sind Kritiker eines naturwissenschaftlichen Weltbildes, Gegner von Abtreibung und Homosexualität, die Stärkung der Familie im traditionellen Sinne spielt eine außerordentlich große Rolle und damit die Unterordnung der Frauen unter männliche Autoritäten und Dominanz.

Auch in den neuen Ländern Osteuropas, in Rußland, in Zentralasien, in China und Japan wird von einem starken Anwachsen von Zahl und Einfluß der Pfingstkirchen-Bewegungen berichtet.

Dies alles könnte als natürliche politische Auswirkung des Endes des kalten Krieges und des Untergangs des sich atheistisch verstehenden Sowjetimperiums verstanden werden. Seine besondere Zuspitzung erhielt die These der geschichtstheologischen Finalität der Weltentwicklung aber nach dem 11. September 2001. Da trat nun der Fall ein, daß die einzige, die größte und siegreiche Weltmacht sich durch die Angriffe islamistischer Fundamentalisten so sehr im Kern bedroht fühlte, daß sich zunehmend in ihrer Regierungsspitze eine endzeitliche Stimmung breitmachte. Die apokalyptische Sehnsucht kam also diesmal nicht von unten, nicht aus objektiver Unerträglichkeit eines Lebens in Armut, Qual und Verfolgung, sie kam nicht aus der Erfahrung völliger Ohnmacht gegenüber übermächtigen Feinden, sie kam aus dem Schock, daß der eigentliche Sieger der Geschichte in seinem symbolischen Kern so weltöffentlich angegriffen und verletzt wurde. Hinzu kam der interpretatorische Kurzschluß der sich gleichzeitig dramatisierenden existentiellen Bedrohung des Staates Israel mit apokalyptischen Denkmustern. Das alles wurde nun als Zeichen der

Endzeit, wortgetreu nach der Apokalypse des Sehers Johannes, interpretiert. Das Schicksal Israels und das Schicksal Amerikas, politisch seit langem verbunden, wurde somit zur endzeitlich letzten Entscheidungsschlacht dramatisiert, zwischen dem Reich des Bösen mit seinen Drachen und drohenden Löwen und dem Reich des Guten, des unschuldigen Lammes. Da es sich um einen weltgeschichtlichen Endzeitkampf handelte, war die ganze Welt zur Entscheidung gerufen: Seid ihr für uns oder gegen uns? Gehört ihr zum »Heiligen Rest« der Gerechten oder zu dem diabolischen Heer des Antifürsten?

Absurderweise entstand so ein hochgefährliches, politisch-religiöses, charismatisches Gebräu: Die größte Macht der Welt mit ihrem aktuellen Regierungszentrum fühlte sich tatsächlich als größtes Opfer der Welt, rief die himmlischen Heerscharen und die ganze Welt an seine Seite, um den letzten, endzeitlichen Kampf zwischen der Achse des Bösen und der Stadt auf dem Berge (Washington – Jerusalem) siegreich zu bestehen. Und alles, was in Jahrhunderten von Kirchengeschichte gelernt war: daß politische und religiöse Macht getrennt werden muß, daß der Sieger sich nicht zum Opfer erklären kann, daß Gott immer auf seiten der wirklich Armen, der Entrechteten und Ohnmächtigen ist, selten aber mit der politischen Macht, das alles verschwand in der charismatisch aufgeladenen apokalyptischen Hitze, die doch vielleicht nichts anderes war als die unvermeidliche Urkränkung einer ungerechtfertigten Allmachtsvorstellung, ver-

bunden mit einem konkret erfahrenen Leidens-
schock.

Wie sich die Seiten eines Konfliktes oft gleichen,
wie Zwillinge!

Es ist ganz sicher so, daß eine solche Kränkung
von ungerechtfertigten Allmachtsvorstellungen auch
auf der Gegenseite, auf der Seite des islamistischen
Fundamentalismus, eine entscheidende Rolle gespielt
hat. Die schon immer problematische Vorstellung eines gerechten »Heiligen Krieges« wird von dieser
Seite in der derzeitigen Auseinandersetzung mit dem
Urfeind Amerika in hohem Maße und mit Inbrunst
apokalyptisch aufgeladen. Auch für die Islamisten
spielt die Wiedererrichtung des Gottesreiches – in
diesem Fall des Welt-Kalifats unter der Führung des
wirklich gerechten, wiederkommenden 11. Imam –
eine große Rolle. Auch für sie steht im Zentrum die
Reinigung der heiligen Stätten und der heiligen Städte,
Jerusalem, Mekka und Medina, von der Besetzung
durch die als böse definierten Ungläubigen. Auch sie
zielen auf die Wiederherstellung eines Lebens aller
Gläubigen in den guten ursprünglichen Gottesord-
nungen, wozu die Überwindung aller westlichen Laster und Dekadenzen gehört, also fast paradiesische
Zustände.

Man kann die Psychologie der religiös motivierten
Taten nicht verstehen, schon gar nicht überwinden,
wenn man nicht begreift, daß diese selbst ihre Taten
nicht als böse, sondern geradezu als Gottesauftrag, ja
als Gottesdienst betrachten.

»Wir sind also mit einer hassenswerten Tat konfrontiert, die in einem Geist von Hingabe und Liebe begangen wird, in einer Art Seligkeit, die ihren Höhepunkt nicht nur in der anderen, sondern in der Selbsttötung findet. Es geht um eine symbiotische Gleichzeitigkeit von Töten und Sterben, bei dem man eins mit seinen Opfern werden, sich mit ihnen ›vermählen‹ muß, um in die innige Beziehung zu Gott Vater einzutreten ... Diese mystische Erfahrung, so meine These, beinhaltet die Verwandlung von Selbsthaß und Neid in Liebe zu Gott, wobei es sich um eine Gottesliebe handelt, die der Auslöschung jener Teile des Selbst Vorschub leistet, die im Widerspruch zur zwanghaften Reinheit stehen ... Unter dem Schutz des geliebten und gefürchteten Gottes verschwindet jegliche Gewissensangst.«

(Ruth Stein, *Das Böse als Liebe und Befreiung: Zur psychischen Verfassung religiös motivierter Selbstmordattentäter*, in: Psyche. Zeitschrift für Psychoanalyse und ihre Anwendungen, Heft 2, Februar 2005)

Was hier zum Ausdruck kommt, ist, daß es eine Nähe zwischen apokalyptischen Sehnsüchten, dem Wunsch nach dem Untergang der Welt und nach der Auslöschung des eigenen Ich gibt. Die Apokalypse selbst dient dabei nur als Bildmaterial, als Geheimsprache und Welträtsel-Symbolik, um jenen großen Strom zu illustrieren, der die religiös motivierten Akteure todessüchtig davonzureißen droht. Das ist gefährliches Denken, politisch und religiös.

Bezogen aber auf die realexistierenden Handlungsmöglichkeiten und Machtpotentiale einer all ihren Widersachern weit überlegenen Weltmacht ist es – religiös gesprochen – Blasphemie, Gotteslästerung.

Schlußwort:
Über die Notwendigkeit,
in Fragen der Religion die
Geister zu scheiden

Es ist nicht nur dieses brisante apokalyptische Denken, das in den letzten Jahren etliche Wissenschaftler auf den Plan gerufen hat, noch einmal ganz neu die Frage nach dem Sinn und Unsinn von Religionen zu stellen. Es ist auch der tiefsitzende Schock über die Heftigkeiten, die Leidenschaften, die religiöse Militanz, die in den Selbstmordattentätern des 11. September 2001 explodierten, die einige Naturwissenschaftler in den USA fragen ließ, ob es nicht eine neue Epoche einer sehr radikalen Aufklärung geben müsse mit dem Ziel, das religiöse Denken ganz zu überwinden.

»Die Zeit ist reif für ein neues atheistisches Denken« sagen Glaubenskritiker wie der Franzose Michel Onfray und der neue Stardenker aus Oxford, Richard Dawkins, der über den »Gotteswahn« geschrieben hat und mit seiner Kritik ein breites Publikum findet. In den USA – wie immer aber zeitversetzt auch in einigen europäischen Ländern – gibt es nun eine Bewegung der »Brights«, die ein streng naturalistisches Weltbild verfolgen, ohne jede metaphysisch-jenseitige Orientierung. Den überkommenen Gottesbildern unterstellen sie, daß es sich schlichtweg um Esoterik oder Hokus-pokus handele, also um nackten Unsinn. »Wir Brights glauben nicht an Geister, Elfen, den Osterhasen – oder Gott«, so hat es der amerikanische Philosoph Daniel Bennett zugespitzt formuliert. In den Kreisen der amerikanischen oder europäischen Brights gibt es einen regelrechten Wettbewerb, die neuen Zehn Gebote eines radikalen atheistischen Humanismus zu formulieren. Dreh- und Angelpunkt der gottesfreien Lehre ist die Kritik an den alttestamentarischen, vermeintlich autoritären und überholten Jahve-Bildern. Denn »der alttestamentarische Gott ist einer der unangenehmsten Charaktere der Literatur«. So Richard Dawkins.

Während der Philosoph Peter Sloterdijk und der Ägyptologe Jan Assmann die monotheistischen Religionen in Frage gestellt hatten, da sie die missionarischen Überrumpelungen, den überzogenen Wahrheitsanspruch und die vermeintliche Weltverneinung der Monotheisten überwinden wollten zugunsten einer Öffnung für die Kosmotheologie, eine erneuerte Verzauberung durch die Welt mit ihrer einzigartigen Besonderheit und Lebensintensität, steht für die neuen militanten Atheisten die gesamte Religiosität und Spiritualität auf der Liste des falschen Denkens. Sie habe den Menschen versklavt, in seiner Entscheidungsfreiheit eingeschränkt, ihm falsche Ängste eingeimpft und sein Weltbild moralinsauer verdüstert.

Auffällig ist bei diesen populären Propagandisten eines neuen Atheismus, daß sie selbst eine höchst militante und von keiner tiefen Erkenntnis oder Erfahrung mit ihrem Aggressionsgegenstand getrübte Sprache sprechen. Sie haben Angst vor den Religionen, insbesondere in Form der Gotteskämpfer der Taliban, das läßt sich allenfalls nachvollziehen. Aber ihre Angriffe steigen niemals ein in die Denkweise, die inhaltliche Qualität, geschweige denn in die jahrtausendealte Tradition von Religionen. Sie behaupten eine Überlegenheit, sie versprechen eine Freiheit des Denkens, die selbst hitzig-aggressiv und siegesgewiß daherkommt. Es ist die Sprache von Schlachtrufen und Schlachtfeldern im geistigen Bereich.

Man wird solche Angriffe wegen ihrer Oberflächlichkeit nicht wirklich fürchten müssen. Aber die Frage kann und sollte man trotzdem ernstnehmen, die selbst in der rüdesten Religionskritik und der selbstbewußtesten Atheismusgläubigkeit immer verborgen ist: ob es dem Frieden, den Gesellschaften, der Welt und der Weltgemeinschaft wirklich nützt, daß es Menschen gibt, die sich um Gottesbilder mühen, ihnen nachfragen und mit ihnen zu leben versuchen.

Ob es Sinn macht, diesen Gottesbildern nachzugehen, bleibt im letzten immer selbst eine Glaubensfrage, ob man sie nun atheistisch oder religiös beantwortet. Die Vorentscheidung zu der jeweils eigenen Haltung zur Welt, ihres Sinns, ihrer Bedeutung und ihres Ziels, kann keine Wissenschaft beantworten. Die meisten der atheistischen Theorien beweisen nur ihrerseits eine andere Art von Überzeugtsein und Gläubigkeit, die nicht geglaubt werden muß, die selbst in Zweifel gezogen werden kann und darf. Über letzte

Dinge läßt sich aber vermutlich doch nur einigermaßen adäquat reden in einer Sprache, die an den religiösen und philosophischen Traditionen von Jahrhunderten geschult ist. Man muß ihnen nicht folgen, aber
man sollte sie wenigstens kennen.

Die Flucht aus dem Glauben oder der militante
Atheismus sind auf die Dauer kein wirksames Heilmit-
tel gegen die Gefahren der Religionen. So wie es nie
eine Gesellschaft ohne Religion gab – jedenfalls nach
allen historischen Kenntnissen – werden vermutlich
die Menschen auch in absehbarer und unabsehbarer
Zukunft immer wieder zu religiösen Fragestellungen
zurückkommen. Sie werden ja auch nicht aufhören,
über den Tod nachzudenken, über den Sinn des Lebens, sie werden nicht aufhören zu lieben, die Natur
anzuschauen oder Musik zu hören. Die Liebe, die
Weltverzauberung des »gestirnten Himmels über mir«
(Immanuel Kant) und die Musik gehören deswegen
auch zu den natürlichen Gottesbeweisen, denen geglaubt wird, obwohl sie wissenschaftlich bezweifelt
werden können. Menschen, denen die Themen der
Religion etwas bedeuten, wissen, daß es eine Sehnsucht gibt, die in dieser Welt keinen Halt findet, aber
doch keine Todessehnsucht ist. Sie sehen einen Glanz
hinter der Welt und interpretieren ihn als Sinn und
Ziel der geistigen Existenz – und letztlich als Raum der
Freiheit.

Der lange Weg durch die Geschichte der Religionen und des Fragens nach Gott, den wir in dieser
Schrift zurückgelegt haben, hat aber vielleicht eines

klargemacht: Es ist nicht sinnlos – für Gläubige wie Ungläubige –, sich auf die lange Menschheitsgeschichte der Gottesbilder, Gottesvorstellungen, Gottesfragen einzulassen. Wer in diese Geschichte einsteigt, findet wunderbares, tiefes, überraschendes, mutiges Denken, findet gefährliches, apokalyptisches, machtpolitisches und kirchenegoistisches Denken. Er findet Mißbrauch und geistige Freiheit, persönlichen Mut und Feigheit, Glaubenszuversicht und Verrat, engstirnige Borniertheit und geistliche und geistige Kreativität.

Das alles kennenzulernen und zu durchdenken ist nützlich, um den Missbrauch von Religionen überhaupt erkennen und ihm widerstehen zu können. Es vermittelt zwar keine unerschütterlichen Sicherheiten und keine letzten Beweise, aber doch ein Grundgefühl für Qualität beim Nachdenken über religiöse Fragen. Fast alle Generationen vor uns haben sich an diesen Traditionen geistig geschult und sind darin tiefer eingestiegen in ein Verständnis von Gott und der Welt, des menschlichen Zusammenlebens und der menschlichen Leidenschaften. Die These kann gewagt werden, daß Religion um so schneller zu einem Suchtmittel, zu einem Lügengespinst, zum Machtinstrument und zum gefährlichen Denken werden kann, je weniger Erfahrung die Menschen mit diesen Traditionen und der in ihnen gefundenen geistigen und sprachlichen Qualität haben. Insbesondere in den Ländern und Kulturen, die die Religionen künstlich ferngehalten oder machtpolitisch unterdrückt haben und dann plötzlich davon befreit wurden – wie alle posttotalitären Länder der ehemaligen Sowjetunion – sieht man, daß mit der Rückkehr der Religionen oft eine erschreckende Urteilsschwäche aus Mangel an Erfahrung einhergeht. Nur so ist das Übermaß an religiösem Kitsch, zweifelhaften selbsternannten religiösen Führern, sektenartigen Formationen, billiger Esoterik und Fastfood-Religion begreifbar, das sich atemberaubend schnell in diesen Ländern ausbreitet. Auch die leichte Entflammbarkeit für apokalyptische Obsessionen gehört zu den Folgen der Unkenntnis religiöser Themen und Sprache.

Das beste geistige Mittel gegen Fastfood-Religion ist immer noch das Original. Fast jede große Weltreligion hat im Laufe ihrer Geschichte in ihrem Inneren qualitative Klärungsprozesse vollzogen, die immer mit vertieftem theologischen und philosophischen Nachdenken über den Urgrund allen Seins, über das Leben, über die machtpolitische Verführbarkeit religiöser Institutionen und mit der Suche nach einer alltagstauglichen Volksfrömmigkeit zu tun hatten. In der Essenz sind alle großen Weltreligionen zu ähnlichen Ergebnissen gekommen, was das Bild der Welt, des Menschen, die Erkenntnis über die letzten Dinge betrifft. Ihr Dienst für die Gemeinschaften hat immer mit der Reduzierung von Gewaltbereitschaft zu tun. Ebenso haben alle großen Weltreligionen immer wieder vor der Notwendigkeit gestanden, sich von innen heraus, sei es auf der Basis ihrer Uroffenbarungen, sei es auf der Basis ihrer eigenen, durchaus problematischen und gewalttätigen Geschichte und Tradition von

Grund auf zu erneuern. Die stillen Helden dieser innerreligiösen Machtkritik sind die Prophetengestalten, die innerhalb der eigenen Gemeinschaft den Kampf um die Wahrheit aufnahmen. Solche Propheten gab es und gibt es in jeder Religion – auch im Islam. Auf sie erneut zu hoffen, macht immer Sinn, wohl wissend, daß niemand sich selbst zum Propheten ernennen kann.

Eigentlich könnte nun ein Dialog beginnen, der die Vielfalt der Erkenntnisse aller großen Religionen als Reichtum und nicht als Nachteil empfindet und der ganz und gar darauf verzichten kann, den Anhänger eines anderen Glaubens zu missionieren oder mit kriegerischer Aggression zu bedrohen.

Wer diesem Dialog ausweichen will, der gerät allerdings schnellstens in jene Engführung des apokalyptischen Denkens, das mit der Unerträglichkeit des Andersseins der anderen Weltsichten gleich die ganze Welt, womöglich gewaltsam, zu ihrem vermeintlich gottgewollten Ende zu bringen sich bemüht. Der religiös motivierte Selbstmordattentäter, der mit den bösen anderen Gottesbildern sich selbst und die ganze Welt ins Nicht-Sein befördert und dabei meint, einen Gottesdienst zu tun, ist der ernsthafteste und beunruhigendste Grund dafür, daß dieser Dialog der Weltreligionen beginnen muß.

Wenn der Anfang dieses ernsthaften Gesprächs unter den Religionen der Welt endlich beginnt, so wird es vermutlich wie in der alten Geschichte der Offenbarung des Elias passieren: So wie Gott selbst, so wird auch das Verständnis von Gott nicht mit dem Feuer kommen, nicht mit dem großen Sturm, nicht mit dem gewaltigen Erdbeben, nicht mit der Sintflut, nicht mit der letzten Schlacht und den todesmutigen Gotteskämpfern, sondern mit dem sanften Wehen einer neuen Geisteshaltung, die man auch Spiritualität nennen könnte.

In der Zeit nach den großen Weltkriegen, die immer eine große Seelen-Erschütterung nach sich zog, hat es wiederholt Versuche gegeben, so etwas wie ein gemeinsames Weltethos aller Religionen herauszukristallisieren, das alle Religionen gemeinsam zur Grundlage einer neuen Weltverständigung machen sollten. Insbesondere Carl Friedrich von Weizsäcker und Hans Küng haben daran ihr Leben lang gearbeitet. Das ist ein ernsthafter Versuch einer neuen Geistigkeit, eines neuen Kompromisses zwischen Glaube und Vernunft und eines religiösen Weltfriedens, der mit Heiterkeit, Gelassenheit und Gottvertrauen zu tun hat.

Vielleicht muß man aber gar nicht so weit gehen. Das Gemeinsame an den Religionen wird immer sehr schwer zu finden sein und ist oft nicht mehr als der kleinste gemeinsame Nenner, also eine zu theorielastige und zu reduzierte Essenz. Eine globalisierte Welt von Religionen im Dialog wird durchaus sehr viel Vielfalt vertragen. Bei Paulus hieß es einmal, es mache ihm gar nichts aus, »den Juden ein Jude, den Griechen ein Grieche und den Römern ein Römer zu sein«. In diesem Sinne ist es sehr wohl denkbar, daß religiöse Menschen den Katholiken ein Katholik, den Protestanten ein Protestant, den Juden ein Jude, den Buddhisten ein Buddhist, den Moslems ein Moslem, den Orthodoxen ein Orthodoxer, den Humanisten ein Humanist und den Kosmotheisten ein Kosmotheist sein könnten. Die kulturelle Faszination an dem Anderssein des anderen ist ja längst spürbar und ein gutes Ergebnis kultureller Globalisierungserfahrung. Den jeweiligen Kirchenhierarchien ist dieses zwar ein Dorn im Auge und die päpstliche Unfehlbarkeit und die theologische Dogmatik käme auch ins Wanken. Ganz sicher würde den meisten Menschen eine solche ständige Grenzgängerei in religiösen Fragen auch nicht behagen, wenn sie darin vorrangig eine eigene Wurzel und eine geistige Heimat suchen. Aber für ein friedliches Zusammenleben der Religionen wäre eine solche neugierige, heitere, gelassene Herangehensweise einiger religiöser Grenzgänger und Kundschafter sicherlich fruchtbarer, als das neue Aufreißen von Schlachtengräben zwischen den Bataillonen hochaufgerüsteter, kränkbarer, hierarchisch aufgebauter Religionsgemeinschaften.

Gott kann uns nicht zwingen, die eine oder andere Haltung im Nachdenken über ihn einzunehmen. Wir müssen schon selber wählen.

Die erste Anregung zu diesem Buch geht zurück auf meinen Vortrag auf der Salzburger Hochschulwoche 2006: »Gott im Kommen«, abgedruckt in Hoff, Gregor Maria (Hg.), siehe S. 186.

Literatur

Assmann, Jan: *Die mosaische Unterscheidung oder der Preis des Monotheismus*, München – Wien 2003.

Assmann, Jan: *Moses der Ägypter*, München 1998.

Beutler, Johannes SJ: *Die Botschaft der Apokalypse angesichts ihrer fundamentalistischen Deutungen* (Manuskript).

Celan, Paul: *Zürich, zum Storchen*, aus: ders., Die Niemandsrose. © S. Fischer Verlag GmbH, Frankfurt a. M. 1963.

DER SPIEGEL: *Der Kreuzzug der Gottlosen*, Ausgabe vom 26.05.2007.

Evangelische Akademie Arnoldshain: *Religiöse Schriften und politische Rhetorik. Kommunikation – Instrumentalisierung – Herrschaftskritik*, Tagung vom 17. bis 19. November 2006, hierin besonders:

Bormann, Lukas: *Dieter Georgi – Bleibende Herausforderungen seiner urbanen Theologie.*

Palmer, Gesine: *Kränkung, Scham und Gewalt. Leise Bemerkung zum lärmenden Diskurs von der Verletzung religiöser Gefühle.*

Rohr, Elisabeth: *Politisierungstendenz des religiösen Fundamentalismus in Lateinamerika.*

Georgi, Dieter: *The city in the valley. Biblical interpretation and urban theology*, Atlanta 2005 (studies in biblical literature 7).

Girard, René: *Der Sündenbock*, Zürich 1988.

Ders.: *Das Heilige und die Gewalt*, Frankfurt a.M. 1994.

Ders.: *Figuren des Begehrens. Das Selbst und der Andere in der fiktionalen Realität*, Münster 1999.

Ders.: *Ausstoßung und Verfolgung*, Frankfurt a.M. 1992.

Grundmann, Herbert: *Ketzergeschichte des Mittelalters,* Göttingen 1963.

Hoff, Gregor Maria (Hg.): *Gott im Kommen,* Innsbruck 2006.

Kühner, Hans: *Lexikon der Päpste,* Zürich 1977.

Küng, Hans: *Projekt Weltethos,* München 1990.

Ders.: *Das Judentum,* München 1991.

Ders.: *Das Christentum,* München 1994.

Ders.: *Der Islam. Geschichte, Gegenwart, Zukunft,* München 2004.

Ders.: *Christentum und Weltreligionen – Buddhismus,* München 1995.

Ders.: *Christentum und Weltreligionen – Hinduismus* (mit Heinrich von Stietencron), München 1984.

Ders.: *Christentum und Weltreligionen – Chinesische Religion* (mit Julia Ching), München 1988.

Küng, Hans (Hg.): *Dokumentation zum Weltethos – Der Weg zur Weltethoserklärung,* München 2002.

Miles, Jack: *Gott: eine Biographie,* München, 5. Auflage, 2005.

Moltmann, Jürgen: *Das Kommen Gottes. Christliche Eschatologie,* Gütersloh 1995.

Eicher, Peter (Hg.): Neues Handbuch Theologischer Grundbegriffe, München 2005.
Daraus besonders die Artikel:
Eschatologie/Apokalypse (Jürgen Ebach).
Monotheismus (Jürgen Manemann).
Naturreligion/Religionsethnologie (Josef F. Thiel und Ulrike Peters).
Fundamentalismus (Klaus Kienzler).
Mythos (Walter Raberger).

Rad von, Gerhard: *Theologie des Alten Testamentes.* Bd. 1 und 2, München 9. Aufl. 1987.

Schieder, Rolf: *Wieviel Religion verträgt Deutschland?,* Frankfurt a.M. 2001.

Schmidt, Kurt Dietrich: *Tabellen zur Kirchengeschichte,* Göttingen 1963.

Sloterdijk, Peter: *Gotteseifer. Vom Kampf der drei Monotheismen* (Manuskript).

Sölle, Dorothee: *Atheistisch an Gott glauben. Beiträge zur Theologie,* Olten/Freiburg 1968.

Sölle, Dorothee: *Politische Theologie,* Stuttgart 1971, erw. Neuausgabe Stuttgart 1982.

Sölle, Dorothee: *Gott denken. Einführung in die Theologie,* Stuttgart 1990.

Steffensky, Fulbert: *Wo der Glaube wohnen kann,* Stuttgart 1989.

Steffensky, Fulbert: *Die zehn Gebote, Anweisungen für das Land der Freiheit,* Würzburg 2003.

Stein, Ruth: *Das Böse als Liebe und Befreiung: Zur psychischen Verfassung religiös motivierter Selbstmordattentäter,* in: Psyche. Zeitschrift für Psychoanalyse und ihre Anwendungen, Heft 2/2005.

Taubes, Jacob: *Abendländische Eschatologie,* Bern 1947.

von Weizsäcker, Carl-Friedrich: *Bedingungen der Freiheit. Reden und Aufsätze* 1989-1990, München 1990.

Ders.: *Zeit und Wissen*, München 1992.